I0153513

ROMANS

COLLECTION HETZEL.

BLACK

par

ALEX. DUMAS.

III

Édition autorisée pour la Belgique et l'étranger, interdite pour la France.

LEIPZIG,

ALPH. DURR, LIBRAIRE-ÉDITEUR.

1858

VOYAGES

HISTOIRE

POÉSIES

BLACK.

Y

BRUXELLES. — TYP. DE J. VANBUGGENHOUDT,
Rue de Schaerbeek, 12.

COLLECTION HETZEL.

BLACK

PAR

ALEXANDRE DUMAS.

III

Édition autorisée pour la Belgique et l'étranger,
interdite pour la France.

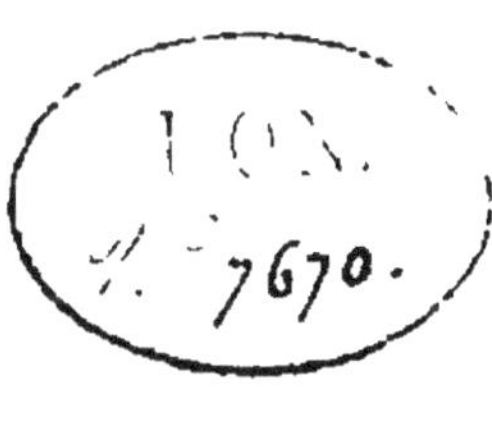

LEIPZIG,

ALPH. DURR, LIBRAIRE-ÉDITEUR.

1858

Y2 698

I

— Où le chevalier de la Graverie prend une résolution. —

Thérèse continua son récit.

Le reste de l'histoire était aussi simple que triste, et, en quatre mots, nous la raconterons au lecteur.

Gratien, incapable, dans son libre arbitre, d'une supercherie si criminelle, y avait été poussé par Louville.

Le régiment avait reçu ordre de changer de garnison.

Louville avait fait comprendre à Gratien qu'il y allait de son honneur de ne pas quitter Chartres sans avoir été l'amant de Thérèse.

Les deux jennes gens avaient alors combiné le piége où la pauvre enfant avait laissé son honneur.

Thérèse avait été pendant vingt-quatre heures atteinte d'une espèce de folie dans laquelle les événements de Paris se confondaient pour elle avec ceux de Chartres.

Lorsqu'elle reprit ses sens, la vieille femme qui lui avait ouvert la porte et qui l'avait fait passer dans la chambre fatale, était près de son lit.

La vieille lui dit qu'elle pouvait rester dans cet appartement, loué pour un an, et dont tous les meubles lui appartenaient.

Elle avait, en outre, à lui remettre une lettre de Gratien et une somme d'argent.

Thérèse ne comprit rien d'abord à ce qu'on lui disait; les sons arrivaient à son oreille, mais indistincts et sans suite.

Peu à peu, le jour se fit dans sa raison, et elle comprit.

Depuis la veille au soir, le régiment était parti; Gratien était parti avec son régiment. Elle était abandonnée ! et, en échange de son honneur volé, on lui offrait une chambre, des meubles et de l'argent !

La pauvre enfant poussa des cris de honte et de douleur, se jeta à bas du lit, s'habilla à la hâte, repoussa la femme, la lettre et l'argent, et s'élança hors de la maison.

Mais, une fois hors de la maison, que faire ?

Elle n'en savait rien elle-même.

Rentrer chez mademoiselle Francotte ?

Impossible ! Que dire ? Comment motiver son absence ? Comment expliquer son retour ? Quel motif donner à sa douleur ?

Elle se fouilla.

Elle avait trente ou quarante francs sur elle ; c'était toute sa fortune.

Elle pensa bien à mourir ; mais le courage, qui l'avait soutenue dans sa première tentative de suicide, l'abandonna complétement dans la seconde.

Elle s'en alla au hasard, se soutenant aux murs ; si pâle, que beaucoup de passants lui demandèrent :

— Qu'avez-vous, mon enfant ?

— Rien ! répondait Thérèse d'une voix brève.

Et elle continuait son chemin.

Et l'on sentait une telle douleur au fond de cette réponse, qu'on la laissait passer avec une sorte de respect. La véritable douleur a sa majesté.

Elle alla ainsi trébuchant, sans y voir et sans savoir où elle allait.

Elle arriva au faubourg de la Grappe.

Bientôt les larmes amassées dans sa poitrine éprouvèrent un tel besoin de se répandre au dehors, que Thérèse, comprenant qu'elle allait éclater en sanglots, chercha un endroit où pleurer en liberté.

Elle avait une porte au bout de la main, elle poussa cette porte.

Cette porte s'ouvrait sur une allée sombre, étroite et humide.

Thérèse s'engagea dans l'allée.

A peine y fut-elle, que les larmes se firent un passage, et que, du moins, elle pleura abondamment.

Il était temps : son cœur était près de se briser.

Combien d'heures resta-t-elle ainsi à pleurer dans cette allée? C'est ce qu'il lui eût été impossible de dire.

Elle s'était sentie affaiblie, avait cherché un endroit où s'asseoir, avait trouvé un escalier et s'était assise sur la première marche.

Elle sortit de sa torpeur en sentant qu'on lui touchait l'épaule.

C'était une vieille femme habitant la maison, et qui, en rentrant chez elle, avait vu dans la pénombre se dessiner quelque chose comme la forme d'un corps.

Thérèse leva la tête sans songer à essuyer les larmes qui coulaient sur son charmant visage.

Cette douleur si vraie, qu'il n'y avait point à s'y tromper, toucha la vieille femme.

Elle lui demanda avec intérêt ce qu'elle faisait, ce qu'elle désirait et si elle pourrait lui rendre service.

Thérèse fit un demi-mensonge.

Elle dit qu'elle était lingère, qu'elle avait été renvoyée de chez sa maîtresse, et qu'elle cherchait un logement.

Rien de tout cela n'était invraisemblable, qu'un si grand chagrin pour un si petit malheur.

— Et savez-vous bien travailler? demanda la vieille femme.

Thérèse, sans lui répondre, lui montra un col brodé par elle-même et qu'elle portait au cou.

C'était un chef-d'œuvre.

— Bon! dit la vieille femme; quand on fait de ces choses-là avec son aiguille, il ne faut pas s'inquiéter : on ne meurt jamais de faim.

Thérèse ne répondit pas.

— Vous cherchez un logement? dit la bonne femme.

Cette fois, Thésèse fit un signe de tête.

— Eh bien, justement, il y en a un dans la maison; il est tout garni et pas cher. Dame! ce n'est pas beau ; mais, pour dix-huit francs par mois, on ne peut pas demander un palais. Seulement, il faudra payer la première quinzaine d'avance : neuf francs.

Thérèse tira de sa poche deux pièces de cinq francs.

— Payez, dit-elle.

— Mais vous ne savez pas même s'il vous conviendra ? demanda la bonne femme.

— Il me conviendra, répondit Thérèse.

— Eh bien, alors, venez avec moi.

La vieille monta la première ; Thérèse la suivit. La vieille s'arrêta au second ; c'était là que logeait la propriétaire.

Le marché fut vite fait ; celle-ci ne demandait à ses locataires d'autres renseignements que : « Pouvez-vous payer d'avance ? » Quand ils répondaient : « Oui, » ils étaient les bienvenus.

Dix minutes après, Thérèse était installée dans le galetas où la trouva le chevalier de la Graverie.

Le même jour, avec le reste de l'argent qu'elle avait, sauf la nourriture d'une semaine, Thérèse se fit acheter par la vieille femme de la mousseline, des aiguilles et du coton à broder.

Quant à ses broderies, elle avait l'habitude de les dessiner elle-même.

Le surlendemain, la bonne femme sortit avec un col et des manchettes brodés par Thérèse, et rapporta dix francs.

Thérèse lui en donna deux pour sa peine.

La pauvre enfant avait calculé qu'elle pouvait vivre avec vingt-cinq sous par jour, et qu'elle pouvait gagner trois francs.

Il n'y avait donc pas d'inquiétudes à avoir à ce sujet, comme le lui avait dit la vieille femme.

Cela alla ainsi pendant un mois.

Pendant ce mois, Thérèse était parvenue à mettre cinquante francs de côté.

Seulement, depuis quelques jours, la vieille lui tenait des discours étranges : elle ne lui parlait que de la facilité qu'avaient les belles filles de devenir riches, de la bêtise qu'elle faisait en s'usant les yeux à travailler dans un grenier; puis elle se plaignait de ne plus trouver à vendre comme dans le commencement; le rapport de l'ouvrage avait diminué de moitié.

Tous ces propos laissaient Thérèse assez indifférente; le rapport de l'ouvrage diminuât-il de moitié, elle aurait encore de quoi vivre.

Enfin, un soir, la vieille s'expliqua plus clairement : elle parla d'un jeune homme qui avait vu Thérèse, qui était amoureux d'elle, qui parlait de louer un appartement, qui faisait des offres...

Thérèse releva sa tête pâlissante, et, avec une expression incroyable de dégoût et de volonté mêlés ensemble :

— Je vous comprends, dit-elle. Sortez! et que je ne vous revoie jamais.

La vieille femme voulut insister, puis se défendre, s'excuser; mais Thérèse, aussi fière dans un galetas qu'une reine dans son palais, lui ordonna une seconde fois de sortir, et, cette fois, d'un ton si impérieux, que la vieille sortit la tête baissée et en murmurant :

— Dame! on ne savait pas cela.

A partir de ce moment, Thérèse n'eut plus son intermédiaire et fut forcée d'aller offrir son ouvrage elle-même aux lingeries de Chartres.

Celles-ci la reconnurent pour la première demoiselle de magasin de mademoiselle Francotte, et lui firent toutes sortes d'offres pour prendre chez elles la place qu'elle avait occupée chez la lingère en renom; mais Thérèse ne voulait pas se donner en spectacle dans un comptoir.

D'ailleurs, elle s'était aperçue qu'elle était enceinte, et, dans son état, ce qui lui convenait, c'était l'ombre et la solitude.

Elle vécut ainsi jusqu'au moment où le choléra fit invasion à Chartres. La pauvre Thérèse se fit sœur de charité dans son malheureux faubourg.

Puis, un matin, au moment où elle allait se lever pour porter secours à une voisine malade, ses forces lui manquèrent tout à coup à elle-même.

L'ange noir l'avait touchée de l'aile en passant.

Nous avons vu dans quel état l'avait trouvée le chevalier.

Telle était l'histoire de Thérèse. Depuis cinq mois, elle n'avait pas vu Gratien et n'avait pas entendu parler de lui.

Quant à l'alliance qu'elle portait au doigt, elle n'avait d'autre souvenir à l'endroit de cette bague, sinon qu'elle lui avait été donnée avec recommandation de la conserver précieusement comme un signe qui pouvait servir un jour à lui faire reconnaître sa famille.

Le chevalier de la Graverie avait écouté avec une religieuse attention le récit que lui avait fait Thérèse. Lorsqu'elle avait parlé de la perte de Black, le chevalier avait senti le rouge lui monter au visage; puis, quand il avait envisagé quelles conséquences terribles cette perte avait eues pour la jeune fille, que c'était en se servant de cette absence de Black et sous prétexte de lui faire retrouver son chien, qu'on l'avait attirée dans un guet-apens, où elle avait laissé son honneur et, selon toute probabilité, son bonheur, il fut saisi d'un véritable remords, et, pressant et baisant les mains de la jeune fille, il se laissa tomber à ses genoux en disant :

—Thérèse! Thérèse! le bon Dieu est bon; il nous éprouve parfois, mon enfant; mais, crois-moi, ce n'est point sans intention que sa miséricorde m'a envoyé sur la route, et, à partir d'aujourd'hui, je jure de consacrer tous mes soins à ton bonheur.

— Hélas! répondit Thérèse ne comprenant rien à cet élan du chevalier, mon bonheur! vous oubliez, monsieur, qu'il n'y a plus de bonheur pour moi... Mon bonheur eût été de vivre avec Henri, et je suis éternellement séparée de lui.

— Bon, bon, bon! dit le chevalier avec cette expression confiante d'un homme joyeux et convaincu que la chance qu'il avait eue de retrouver d'une façon aussi inattendue la fille de Mathilde ne pouvait s'arrêter en si beau chemin, bon! nous arrangerons tout cela. Il n'y a pas que M. Henri au monde, que diable! Il y a son frère, M. Gratien.

— Ce ne serait pas le bonheur, dit Thérèse; ce serait une réparation, voilà tout.

— Eh bien, mais, dit le chevalier, ce serait déjà quelque chose, il me semble.

Thérèse secoua la tête.

— Comment voulez-vous, dit-elle, qu'un jeune homme noble et riche comme lui consente jamais à épouser une pauvre ouvrière comme moi ? Je lui ai servi de jouet, voilà tout. Croyez-vous qu'il eût jamais osé faire à la fille d'un comte ou d'un marquis, ayant un père ou des frères pour la venger, l'outrage qu'il n'a point hésité de faire à une pauvre orpheline ?

Le chevalier sentit comme une aiguille lui traverser le cœur ; ses yeux lancèrent une flamme ; c'était la première fois qu'un désir de vengeance se présentait à lui.

Jamais contre M. de Pontfarcy il n'avait éprouvé rien de pareil à ce qu'il venait de ressentir contre Gratien.

Il se rappela avec une certaine joie, que, pendant son voyage au Mexique, il avait appris à loger une balle assez adroitement pour ne manquer qu'une fois sur trois, ces fameux perroquets verts que Dumesnil ne manquait jamais, lui.

Puis, instinctivement, il fit cette fameuse feinte qui constituait la botte secrète que le capitaine lui avait apprise et qui lui venait, à lui, d'un maître d'armes napolitain.

Pourquoi pensait-il à tout cela ? pourquoi y pensait-il en serrant les dents ? Le chevalier ne s'en rendait pas compte ; mais, enfin, il y pensait.

Quant à Thérèse, elle demeurait silencieuse et accablée ; elle ne vit ni l'expression froncée qu'avait prise un instant la physionomie du chevalier, ni le mouvement de main qu'il avait fait en dessinant dans l'air sa botte secrète.

Cette conversation avait considérablement abattu ses forces, et, aux dernières paroles prononcées par elle et que nous venons de rapporter, elle fut reprise d'un accès de cette toux sèche et profonde qui avait déjà si fort inquiété M. de la Graverie.

Le chevalier remit donc à un autre moment, de lui demander les derniers détails, s'il en restait encore à lui donner.

Il avait remarqué que pas une seule fois Thérèse n'avait prononcé le nom de famille ni de Henri ni de Gratien, et qu'elle les avait nommés seulement par leurs noms de baptême.

Mais, pour retrouver Gratien, le jour où il aurait besoin d'avoir une explication avec lui, le chevalier n'avait pas besoin de savoir son nom de famille : il connaissait le régiment dans lequel servait le jeune homme; il lui serait facile, au ministère de la guerre, de savoir où ce régiment tenait garnison, et la figure de Gratien et celle de son interlocuteur Louville s'étaient assez profondément gravées dans son souvenir pour qu'il n'eût aucun doute de le reconnaître à la première vue.

Mais ce que le chevalier jugeait être le plus pressant à cette heure, c'était de s'assurer de la réalité des espérances qu'il avait fondées sur le mystère qui entourait la naissance de Thérèse; il trouvait, dans le sentiment inconnu que la jeune fille lui avait inspiré, des jouissances si pures, un charme si puissant, un attrait si profond, qu'il avait hâte de légitimer ces jouissances afin d'emprunter à ce sentiment tout ce qu'il pouvait lui donner de bonheur.

Avant tout, cependant, Thérèse devait être assez bien pour que le chevalier, en la quittant afin de commencer ses recherches, n'emportât aucune inquiétude à l'endroit, nous ne dirons point de sa santé, mais de sa vie.

II

— Où M. le chevalier de la Graverie est un instant ému par le scandale qu'il cause dans la vertueuse ville de Chartres. —

Cependant, dans une ville comme Chartres, un événement aussi considérable que celui de l'introduction d'une jeune fille dans la demeure d'un vieux garçon — personnage d'ailleurs important par sa naissance et par sa fortune — ne pouvait passer inaperçu. Les commentaires de chacun lui donnèrent donc bientôt des proportions gigantesques, et, au bout de huit jours, ils en avaient complétement dénaturé la portée.

M. le chevalier de la Graverie, déjà suspect par les excentricités que lui avait fait commettre Black, devint en peu de jours, et par la pente naturelle des caquetages bourgeois, un homme affreux et immoral qui, non content d'avoir séduit une jeune fille, n'hésitait point à donner le scandale public d'une cohabitation illégitime; — un homme, enfin, que ne pouvait honorablement connaître ni saluer aucune personne se respectant le moins du monde.

Depuis qu'il y avait quelque amélioration dans son état, Thérèse commençait à s'inquiéter de ce qui pouvait plaire à celui qu'elle considérait comme un bienfaiteur et qu'elle se sentait disposée à aimer comme un père.

Elle avait, en conséquence, exigé qu'il reprît le cours de ses promenades quotidiennes, qu'elle regardait comme nécessaires à sa santé. Le chevalier, de son côté, heureux de ce doux et affectueux servage, suivait ponctuellement les ordres de la jeune fille, et, comme un instrument bien réglé qui, dérangé un instant, reprend, au premier équilibre, son mouvement habituel, il consacrait comme autrefois deux heures entre son déjeuner et son dîner à une course sur les buttes.

Seulement, cette course se faisait maintenant en compagnie de Black, qui, partageant tous les sentiments de son maître, semblait être, sinon le plus heureux chien, du moins un des chiens les plus heureux de la création.

Nous avons dit que le chevalier s'était arrêté au plus pressé, c'est-à-dire qu'il avait résolu de pénétrer d'abord le mystère de la naissance de Thérèse.

Prendre un parti n'avait pas été une chose facile pour un homme qui, jusque-là, avait fait de sa vie une somnolence indifférente et insouciante; aussi le parti pris dans le fond, restait-il à décider la forme dans laquelle il serait poursuivi.

C'était à chercher cette forme que le chevalier employait ses promenades.

Que pouvait faire, que devait faire le chevalier pour arriver au but qu'il se proposait?

Sa préoccupation était donc fort grande; les gambades et les caresses de Black avaient seules le privilége de l'en distraire.

Aussi le chevalier fut-il longtemps à remarquer l'affectation grossière avec laquelle ceux-là mêmes qui avaient été le plus souvent ses hôtes, avaient l'air de ne pas le voir lorsqu'ils passaient près de lui, afin d'éviter d'avoir à le saluer.

Cependant, un jour que, moins distrait que d'habitude, il avait salué cérémonieusement une vieille douairière qui tenait le haut bout dans la société du cloître Notre-Dame, et qu'il avait remarqué qu'en lui rendant son salut, mais de la tête seulement, celle-ci avait allongé une moue dédaigneusement significative, M. de la Graverie rentra chez lui fort inquiet.

Comme tous les gens qui ont rétréci leur existence, il était fort soucieux du *qu'en dira-t-on ;* et, à l'idée qu'il avait pu démériter de l'estime publique, il sentit tout son sang se glacer dans ses veines.

Aussi n'eut-il point assez de force, assez d'empire sur lui-même pour cacher sa préoccupation à Thérèse, et celle-ci sut-elle l'interroger assez adroitement pour pénétrer le secret de sa contrariété.

Le chevalier lui raconta, tout simplement et sans commentaires, l'impolitesse de la douairière.

— Vous le voyez, cher et bon monsieur, s'écria la jeune fille, ma triste destinée réagit sur tous ceux qui s'intéressent à moi ; mais je ne souffrirai pas que vous en soyez plus longtemps victime.

— Comment cela ? s'écria le chevalier inquiet.

— Oui, répondit Thérèse, grâce à vos soins, je

suis guérie et puis reprendre mes travaux. Je vais donc m'éloigner, mais en vous demandant la permission de revenir, de temps en temps, vous remercier de ce que vous avez fait pour moi, et vous prouver que je n'oublierai jamais que je vous dois la vie.

Le chevalier pâlit.

— Partir! dit-il, me laisser seul! Vous n'y avez pas songé, Thérèse! Mon Dieu, que deviendrais-je seul?

— Avant de me connaître, demanda Thérèse, ne viviez-vous donc pas seul?

— Avant de vous connaître, oui, je crois que je vivais comme cela, répondit le chevalier; mais, depuis que je vous connais, je me suis fait une douce habitude de votre présence. Oh! fit le chevalier avec un douloureux retour sur le passé, j'ai aimé, moi aussi : d'abord, votre...

Il s'arrêta.

Thérèse le regarda avec étonnement.

— D'abord, une femme, continua le chevalier; je l'ai tant aimée, que j'ai cru que j'en mourrais, quand elle...

— Quand elle est morte? demanda Therèse.

— Oui, reprit le chevalier, quand elle est morte... Car l'infidélité, la trahison, l'oubli, mon enfant, c'est la mort!

— Oh! je le sais bien, s'écria Thérèse en éclatant en sanglots.

— Bon! dit le chevalier en se frappant le front, voilà que je la fais pleurer, à présent! mais, sac à papier! je suis donc une double brute?

— Non, non, non! dit Thérèse, vous êtes le meilleur des hommes, et, si l'on vous a fait souffrir, vous, nul n'a le droit de demander à être exempté des douleurs humaines!

— Oui, dit le chevalier avec mélancolie, on m'a fait bien souffrir, ma pauvre enfant! Par bonheur, j'avais un ami... Ah! je l'avais bien aimé, et je l'aime bien encore, celui-là, n'est-ce pas, Black?

Black, qui justement regardait le chevalier en ce moment, comme s'il eût deviné qu'il allait être question de lui, s'approcha à l'appel de son maître, qui lui prit la tête entre ses deux mains et l'embrassa tendrement.

Thérèse cherchait à deviner quelle liaison il pouvait y avoir entre Black et cet ami dont parlait le chevalier, et elle se demandait comment Black pouvait être appelé en témoignage de cette amitié.

Mais ceci était tout simplement un problème qu'il lui était impossible de résoudre, et que le chevalier lui-même eût eu bien de la peine à lui expliquer.

M. de la Graverie resta quelque temps absorbé dans la contemplation de Black.

Puis, tout à coup, redoublant de caresses pour l'animal et de doux yeux pour Thérèse :

— Non, mon pauvre Dumesnil, dit-il, non, sois tranquille, va ! je ne l'abandonnerai jamais... Quand toute la ville de Chartres devrait me tourner le dos, et quand toutes les douairières du monde devraient me faire la moue.

Thérèse regardait le chevalier avec une certaine crainte.

Cet homme si bon avait-il des tendances à la folie? En tout cas, ce devait être une folie douce et bonne que celle du chevalier, et Thérèse se disait en elle-même qu'elle n'en aurait jamais peur.

Elle reprit la première la parole.

— Il le faut, cependant, monsieur le chevalier, dit-elle.

Le chevalier sortit de son rêve.

— Quoi? que faut-il, mon enfant? dit-il avec la plus grande douceur.

— Il faut que je m'en aille.

— Ah ! oui, c'est vrai, dit le chevalier, vous me disiez cela. Et, moi, je vous répondais : Thérèse, mon enfant bien-aimée, est-ce que vous croyez qu'il me serait possible de vivre désormais dans l'isolement? Mais pensez donc, chère enfant, à la solitude dans laquelle me laisserait votre départ.

— Je pense à tout cela, monsieur le chevalier, et je pense surtout, en egoïste que je suis, à la peine que cela me fera à moi-même de vous quitter; mais cette séparation est nécessaire. Lorsque je ne serai plus là, vous retrouverez les amis qui s'éloignent de vous aujourd'hui; lorsque j'aurai cessé de troubler votre existence, vous reprendrez vos paisibles habitudes.

— La troubler! troubler mon existence, ingrate enfant! mais apprends donc une chose : c'est qu'à part l'époque où...

Le chevalier poussa un soupir; puis, se reprenant :

— Je n'ai connu le bonheur que depuis que tu es entrée dans cette maison.

— Triste bonheur! reprit Thérèse en souriant au milieu de ses larmes; des secousses, des émotions continuelles, des tourments, des inquiétudes incessantes; car, au milieu de ma souffrance, de mon atonie, de mon délire même, je vous voyais assez bon pour vous soucier de ma vie comme si vous étiez vraiment mon père!

— Votre père! s'écria le chevalier, comme si j'étais vraiment votre père! et qui vous a dit que je ne l'étais pas?

— Oh! monsieur, dit Thérèse en soupirant,

votre bonté pour moi vous inspire ce généreux mensonge; mais il ne saurait m'abuser. Si vous aviez été mon père, si vous aviez tenu à moi par un lien de parenté quelconque, auriez-vous, vous qui étiez riche et heureux, laissé mon enfance dénuée et misérable? Ma jeunesse eût-elle été privée de l'appui, des conseils, de l'amour de celui auquel j'aurais dû la vie? Non, monsieur, non... Hélas! je ne suis pour vous qu'une étrangère que votre charité a recueillie, qu'un sentiment de tendresse pour ce qui souffre vous inspire l'idée d'adopter; mais certainement... mais par malheur..., ajouta-t-elle en secouant la tête, je ne suis pas votre fille.

Le chevalier baissa les yeux et courba le front; ce que la jeune fille venait de lui dire le touchait comme un reproche; il maudissait au fond de son cœur l'insouciance avec laquelle il avait laissé à son frère le soin de s'occuper de ce qui concernait l'avenir de madame de la Graverie; il se méprisait d'avoir déserté, par un mauvais instinct de conservation personnelle, les soucis ordinaires de l'existence de chaque homme, et se demandait, enfin, comment il avait pu vivre de si longues années sans se préoccuper de ce qu'étaient devenus celle qui avait été sa femme et l'enfant qui, après tout, avait le droit de porter son nom.

Le résultat de cette conversation, et surtout de la rêverie qui en fut la suite, avait été de stimuler vigoureusement les hésitations paresseuses du chevalier; il tremblait que, cédant aux suggestions d'une délicatesse susceptible, Thérèse ne vînt à exécuter la résolution dont elle lui avait parlé; et le cœur du bonhomme, rajeuni par le calme dans lequel il avait si longtemps vécu, était devenu tellement ardent dans sa nouvelle affection, qu'il ne songea pas à se voir séparé de la jeune fille avec moins de terreur que s'il se fût agi pour lui d'une mort prochaine.

Il se décida donc, quoi qu'il lui en coutât, à faire un voyage à Paris.

Ce voyage avait pour but de retrouver son frère, afin d'obtenir de lui des renseignements sur ce qu'étaient devenus madame de la Graverie et l'enfant dont il l'avait laissée enceinte.

Quitter sa maison, ses douces habitudes, son jardin alors frais et embaumé, c'était un effort dont, il y avait quelques mois, le chevalier eût été complétement incapable. Aujourd'hui qu'il avait à y laisser les deux affections qui remplissaient son cœur si longtemps vide, Thérèse et Black, le bonhomme s'y décidait, tant il s'était fait un immense changement en lui; mais, en s'y décidant, il se trouvait lui-même très-héroïque, et, pour qu'i prît une si dure résolution, il ne fallait pas moins que l'espoir de s'assurer à jamais un bonheur qui lui semblait si doux.

Cette décision prise, restait à la mettre à exécution.

Or, c'était là la difficulté.

Chaque jour, le chevalier disait :

— Ce sera pour demain.

Demain arrivait, et le chevalier, n'ayant pas retenu sa place à la malle-poste, disait :

— Ou je ne trouverai pas de place, ou je serai forcé d'*aller en arrière.*

Et aller en arrière, en voiture, était chose insupportable au chevalier.

Ce n'était pas sa valise qui le retenait ; il en avait acheté une toute neuve, dimension exigée par la loi pour les malles-poste; il l'avait bourrée de linge et d'habits ; avec une pareille valise, il pouvait retourner à Papaéti.

Mais la valise restait toute bourrée dans un coin de la chambre.

Il n'y avait qu'à abaisser le couvercle et donner un tour de clef ; le chevalier n'abaissait pas le couvercle, le chevalier ne donnait pas le tour de clef ; le chevalier enfin ne partait pas.

Ce qui ne l'empêchait pas de dire, tous les jours, en embrassant Thérèse et en caressant Black :

— Mes pauvres amis, vous savez que c'est demain que je pars.

III

— Où le chevalier part pour Paris. —

Un jour que Thérèse s'était trouvée plus souffrante que les jours précédents, et que le chevalier, ayant, cette fois, un prétexte plausible de ne point parler de son voyage de Paris, l'avait soignée toute la journée, l'enfant se coucha vers sept heures du soir en exigeant du chevalier la promesse qu'il ferait, au clair de la lune, la promenade qu'il n'avait point faite à la clarté du soleil.

Le chevalier promit.

Et, comme cette promenade quotidienne était, en effet, nécessaire à sa santé, comme il faisait un temps magnifique, comme Black le sollicitait en même temps que Thérèse, en remuant la queue et en allant vers la porte, le chevalier prit ses gants, sa canne, son chapeau, et sortit.

Inutile de dire que, de jour comme de nuit, il

n'y avait pour le chevalier de la Graverie qu'une promenade : c'était le tour de ville.

Il se dirigea, en conséquence, du côté des buttes.

Vers neuf heures et demie du soir, son tour de ville le ramena à la rue du Cheval-Blanc.

En tournant l'angle qui, de la place de la Cathédrale, conduit à cette rue, il aperçut la malle-poste qui changeait de chevaux.

— Ah ! dit-il, si Thérèse n'avait pas été plus souffrante aujourd'hui qu'hier, j'eusse retenu ma place pour Paris ; c'était l'occasion.

Et il s'approcha machinalement de la malle-poste.

Pourquoi s'approchait-il de la malle-poste.

Oh ! la belle demande !

Tous les provinciaux sont plus ou moins flâneurs : une diligence qui relaye, une voiture qui arrive, ont pour leur désœuvrement de si grands charmes, que la poste elle-même ou les cafés qui l'avoisinent sont, dans beaucoup de villes, le rendez-vous de tous les oisifs ; des visages inconnus à regarder, des conjectures à former, des médisances à échafauder, fût-ce sur les nuages, le roulement des roues sur le pavé, le bruit des grelots, les jurons des postillons, les abois des chiens, sont des distractions pour les cerveaux vides ou engorgés ; le départ et l'arrivée, ou plutôt l'arrivée et le départ des voyageurs constituent tous les chapitres de l'imprévu d'une existence de province, et M. de la Graverie était trop l'homme de la tradition pour manquer à la bonne fortune que le hasard lui envoyait.

Il s'approcha donc du véhicule gouvernemental, au moment où le garçon d'écurie venait d'attacher le dernier palonnier, où le postillon rassemblait les rênes et faisait claquer son fouet pour tenir ses chevaux attentifs au signal du départ, qu'il allait leur donner tout à l'heure.

Le conducteur, son portefeuille sous le bras, passa vivement entre M. de la Graverie et la voiture, grimpa dans son cabriolet et cria au postillon :

— En route !

Le postillon fouetta les chevaux, la voiture s'ébranla, et le mouvement fit jouer la portière mal fermée.

La portière s'ouvrit.

Depuis quelque temps, Black se tenait en face de la voiture, humant les émanations qui en sortaient de toute la largeur de ses narines, et la tenant, pour ainsi dire, en arrêt.

Cette attention que Black paraissait prêter à une cause inconnue, inquiéta le chevalier.

Mais son inquiétude se changea en étonnement, quand, par la portière ouverte, il vit Black sauter dans la voiture, et faire toutes sortes de caresses à un voyageur enveloppé d'un grand manteau, et qui se dessinait dans les profondeurs de la malle-poste, accoudé au coin le plus éloigné du chevalier.

Disons, pour suivre la progression, que l'étonnement du chevalier devint de la stupéfaction, quand une main sortit du manteau, tira la portière avec force et tourna le bouton en disant :

— Ah ! c'est donc toi, Black ?

La voiture s'éloigna.

Au bruit des roues, au claquement du fouet, à la fuite de la malle-poste, qui lui enlevait son ami, le chevalier de la Graverie revint à lui.

La malle-poste était déjà à vingt pas.

— Mais on me prend Black ! cria-t-il ; mais on me vole Black ! Conducteur ! conducteur !

Le retentissement du lourd véhicule sur le pavé empêcha la voix du chevalier d'arriver jusqu'à celui qu'il appelait.

Désespéré de perdre son chien, jaloux de la prédilection qu'il venait de lui voir manifester pour un étranger, intrigué du mystère qui se cachait sous cette reconnaissance inattendue, et supposant que ce mystère ne pouvait pas intéresser Thérèse, le chevalier ne pensa ni à son âge, ni aux velléités goutteuses qui le mordaient quelquefois à l'orteil, et il se mit à courir bravement après la voiture.

Mais la malle-poste avait dans le personnel de ses quatre chevaux seize pieds, tous les seize sains et vigoureux, tandis qu'un des deux que possédait le pauvre chevalier, était légèrement avarié. Il ne l'eût donc jamais rejointe, ni même approchée, si une charrette qui se trouva entrer sous la porte Châtelet au moment où la malle tentait d'en sortir, n'eût arrêté celle-ci quelques instants.

M. de la Graverie profita de l'obstacle, rejoignit la malle-poste, sauta sur le marchepied et se cramponna à la portière d'une main, et de l'autre à une courroie.

De parler, il n'en était pas question : la course avait essoufflé le pauvre homme au point qu'il lui était impossible d'articuler une parole: seulement, une fois juché là, il était tranquille ; si vite qu'allât la voiture, il la suivrait; d'ailleurs, il savait qu'à un quart de lieue de là, au moment où la malle-poste quitterait le faubourg de Lèves, elle trouverait la montagne, et ne pourrait monter qu'au pas, ou tout au plus au petit trot, sa pente escarpée.

Là, il aurait évidemment repris haleine, et il lui serait loisible d'entamer le chapitre des réclamations.

Ce qu'avait prévu le chevalier arriva : pendant le kilomètre où il resta juché sur le marchepied, il reprit haleine, et, arrivé au pied de la montée, la malle-poste passa d'abord du galop au petit trot, puis du petit trot au pas.

Depuis quelque temps déjà, tandis que le chevalier regardait du dehors au dedans, Black regardait du dedans au dehors, et, les deux pattes sur le rebord de la portière, la tête à moitié passée hors de la malle-poste, humait l'air de la nuit avec le calme et la sérénité d'un voyageur dont le nom est couché sur la feuille du conducteur avec cet épigraphe : *Payé.*

M. de la Graverie, qui, au bout du compte, ne voulait que son chien et qui aimait autant l'avoir sans discussion, sauta en arrière, retomba sur la grande route, et, espérant que l'animal allait en faire autant que lui, appela :

— Black !

Black, en effet, fit un mouvement pour s'élancer ; mais une main vigoureuse le retint par son collier, et, bon gré, mal gré, le réintégra dans la voiture.

— Black ! répéta le chevalier avec une énergie qui ne laissait à Black que le choix entre une obéissance immédiate ou une désobéissance absolue.

— Ah çà ! dit une voix, de l'intérieur de la voiture, n'avez-vous pas bientôt fini d'appeler mon chien, et voulez-vous lui faire briser les reins sur le pavé ?

— Comment ! votre chien? s'écria le chevalier abasourdi.

— Sans doute, mon chien, reprit la voix.

— Ah ! voilà qui est fort ! s'écria le chevalier. Black n'appartient qu'à moi, entendez-vous, monsieur !

— Eh bien, s'il est à vous, c'est que vous l'avez volé à sa maîtresse.

— A sa maîtresse? répéta le chevalier au comble de l'étonnement et trottinant toujours près de la voiture. Pourriez-vous me dire le nom de cette maîtresse?

—Voyons, dit une autre voix, décide-toi à une chose ou à l'autre : rends son chien à ce vieil imbécile, ou envoie le promener ; mais, mille millions de cigares ! que l'on dorme ! la nuit est faite pour dormir, surtout lorsqu'on est en malle-poste.

— Eh bien, dit l'autre voix, je garde Black.

Cette double provocation produisit, sur le chevalier l'effet d'une commotion électrique.

Ses nerfs, déjà agacés par la course qu'il avait faite, se crispèrent, et, sans calculer le double danger qu'il pouvait courir à ramasser une querelle sur une grande route et à se cramponner à une malle-poste qui, d'un moment à l'autre, pouvait reprendre le galop, il saisit la clef, tenta d'ouvrir la portière, et, voyant qu'il n'y réussissait pas, il se hissa sur le marchepied et se retrouva à la hauteur de l'ouverture qui donnait de l'air à l'intérieur de la malle.

— Ah! dit-il, je suis un vieil imbécile! Ah! vous gardez Black! c'est ce que nous allons voir.

— Oh! ce sera bientôt vu, dit celui des deux voyageurs qui paraissait être pour les partis extrêmes.

Et, prenant le chevalier au cou, il le poussa violemment en arrière.

Mais le désir de conserver un animal auquel il attachait un si grand prix et une superstition si étrange doubla les forces du chevalier, et, quelque violente qu'eût été la secousse, non-seulement elle ne lui fit pas lâcher prise, mais elle ne parut même pas l'ébranler.

— Prenez garde, monsieur! dit le chevalier avec une certaine dignité; entre gentilshommes ou entre militaires...

— Ce qui est la même chose, monsieur, dit l'agresseur.

— Pas toujours, répondit le chevalier. Entre gentilshommes ou entre militaires, qui touche frappe!

— Oh ! comme vous voudrez, dit le jeune homme ; s'il ne faut que cela pour vous contenter, je reconnais que je vous ai touché... ou frappé, à votre choix.

Le chevalier allait répondre à la provocation en tirant une carte de sa poche ; il la cherchait déjà, lorsque le jeune homme qui semblait placé là comme modérateur, s'écria.

— Louville ! Louville ! un vieillard !

—Eh ! que m'importe, à moi, celui qui me réveille quand je dors, mille cigares ! Celui-là n'est ni un jeune homme ni un vieillard, c'est mon ennemi.

— Ce vieillard, monsieur l'officier, dit le chevalier, est un officier comme vous, et, de plus, chevalier de Saint-Louis... Voici ma carte.

Mais ce fut le jeune homme à la voix conciliante qui la prit ; et, repoussant son ami d'un coin à l'autre :

— Voyons, dit-il, prends ma place et donne-moi la tienne.

L'officier brutal obéit en grognant.

— Je vous demande pardon, monsieur, pour mon camarade : c'est un garçon bien élevé d'habitude ; — mais, pour jouir des bienfaits de l'éducation qu'il a reçue, il faut qu'il soit éveillé ; dans ce moment, par malheur, il est endormi.

— A la bonne heure, dit le chevalier, voilà qui

est d'un peu meilleure compagnie. Mais vous, monsieur, vous avez dit de votre côté : « Je garde Black. »

— Sans doute, j'ai dit cela.

— Eh bien, je dis, moi : Rendez-moi Black ! je veux Black ; Black est à moi.

— Black n'est pas plus à vous qu'à moi.

Et, comme, pour prononcer ces mots, le voyageur s'était mis nez à nez avec le chevalier, celui-ci, que le nom de Thérèse avait déjà fort étonné, jeta un cri de stupéfaction en reconnaissant le jeune homme.

Le jeune homme c'était Gratien, l'auteur du crime commis sur Thérèse; l'autre officier, c'était l'instigateur.

L'émotion du chevalier fut si forte, qu'il demeura quelques instants sans prononcer une parole.

Il y avait quelque chose de providentiel dans ce qui lui arrivait.

Aussi son premier mouvement fut-il un mouvement de reconnaissance pour Black, et, le saisissant à deux bras en approchant le museau de ses lèvres et en le baisant :

— Oh ! cette fois, s'écria-t-il, il n'y a plus a en douter, c'est toi, mon bon Dumesnil ! oui, c'est bien toi qni, après m'avoir fait retrouver mon enfant, veux m'aider à lui rendre l'honneur et à assurer son avenir.

— Par les cornes du diable! s'écria l'autre officier, qui trouvait son juron ordinaire insuffisant pour une circonstance si insolite, cet homme est fou, et je vais appeler le conducteur pour le faire jeter à bas du marchepied. Conducteur! conducteur!

— Louville! Louville! répéta son ami évidemment fâché de ces violences, et d'autant plus fâché qu'il savait maintenant, par les paroles mêmes du chevalier, qu'elles s'adressaient à un gentilhomme.

Mais le conducteur appelé avait entendu.

Il mit la tête hors du cabriolet, vit un homme cramponné à la portière de la malle-poste, et le prit pour un voleur qui mettait le pistolet à la gorge de ses voyageurs.

Il descendit donc sans faire arrêter la voiture, et repoussa rudement le chevalier.

— Oh! oh! dit celui-ci, ne soyez donc pas si brutal, Pinaud!

Or, Pinaud était un des courriers qui se chargeaint de fournir de provisions de bouche la cuisine du chevalier, au temps où le chevalier songeait à sa cuisine.

Pinaud recula tout étonné.

— Eh! oui, continua le chevalier, nous sommes

de vieilles connaissances, il me semble, sac à papier !

Pinaud avait commencé de reconnaître le chevalier ; mais, à son juron favori, il le reconnut tout à fait.

— Vous, à cette heure sur la route, monsieur le chevalier ? s'écria-t-il.

— Sans doute, moi.

— Je le vois bien, vous !... mais qui diable aurait pu s'y attendre ? Vous n'avez donc plus peur ni du chaud, ni des courants d'air, ni de l'humidité, ni des courbatures ?

— Je n'ai plus peur de rien, Pinaud, dit le chevalier, qui, dans l'exaltation nerveuse où il était, eût, en effet, comme don Quichotte, cherché querelle à un moulin à vent.

— Mais à qui en avez-vous, sur la grande route ?

— A vous, Pinaud.

— Comment ! à moi ?

— Oui, oui, oui, à vous ! Je vous demande, Pinaud, d'arrêter la malle-poste et de me laisser causer dix minutes avec ce monsieur.

— Impossible ! monsieur le chevalier.

— Pour moi, Pinaud...

— Au bon Dieu, je dirais non !

— Comment ! au bon Dieu, tu dirais non ?

— Sans doute ; est-ce qu'il ne faut pas que

j'arrive à heure fixe?... Avec cela, que ma malle est en retard. Mais faites mieux...

— Voyons.

— Ma malle est à quatre places; il n'y en a que deux de prises; montez dans l'intérieur, vous descendrez à Maintenon, d'où la malle du matin vous ramènera.

— Me relever à deux heures du matin? Non, Pinaud; c'est contre mes habitudes, mon ami. Cependant, il y a du bon dans ton idée; j'ai besoin d'aller à Paris; mais, de jour en jour, je remets le voyage. Eh bien, je vais monter dans ta voiture et je pousserai jusqu'à Paris.

— Vous avez besoin d'aller à Paris? vous poussez jusqu'à Paris ? Et vous n'avez pas bravement, carrément, retenu votre place au bureau huit jours d'avance, pour être sûr d'avoir un coin et de ne pas aller en arrière? Ma foi, on a raison, monsieur le chevalier, vous n'êtes plus à reconnaître ! Allons, montez, continua Pinaud en faisant jouer le ressort et en ouvrant la portière que n'avait pu ouvrir le chevalier; en vérité, si l'un de ces messieurs était une jolie fille comme celle que vous avez recueillie chez vous, je comprendrais ce qui arrive; et il faut bien que j'aie à faire quatre lieues à l'heure, afin de contenter l'administration, pour que je ne vous demande pas la clef de ce secret-là.

M. de la Graverie se hissa dans la voiture et, tout essoufflé, se laissa tomber sur la banquette de devant tandis que Black, que son ravisseur avait laissé libre, s'était dressé contre lui, et, bon gré, mal gré, lui léchait le menton.

IV

— Ce qui se passa dans la malle-poste et quel dialogue y fut tenu. —

Les deux officiers avaient laissé, sans opposition, le chevalier de la Graverie s'installer dans la malle-poste.

Louville, emmaillotté dans son manteau et fortifié dans son coin, avait même affecté de dormir ou de faire semblant.

Gratien, au contraire, avait suivi, avec une attention mêlée de curiosité et d'inquiétude, tous les mouvements du chevalier.

Le jeune officier semblait deviner que, sous ces apparences pacifiques, s'avançait un ennemi plus à craindre qu'il n'en avait l'air.

Aussi, à peine le chevalier fut-il assis, qu'il voulut entamer la conversation.

Mais le chevalier, étendant la main :

— Souffrez, monsieur, dit-il, que je reprenne mon haleine et mes sens. Je suis peu habitué, je l'avoue, à ces courses et à ces émotions; tout à l'heure, nous causerons, comme vous paraissez le désirer, mais ce sera peut-être d'une façon plus grave que vous ne vous y attendez. Pardieu! Pinaud m'a rendu un fier service en arrêtant son véhicule; je sentais mes forces à bout; je voyais l'instant où j'allais lâcher le bouton et me laisser choir sur la grande route; ce qui, à mon âge, n'eût point été sans quelque gravité.

— En effet, monsieur, pour vous livrer à de pareils exercices, vous n'êtes plus assez jeune.

— Je puis m'en apercevoir pour mon compte, monsieur; mais je ne permettrai pas que vous vous en aperceviez pour le vôtre, entendez-vous?

— Ah! par exemple! si vous n'êtes pas fou, s'écria Gratien à cette boutade, vous êtes au moins un plaisant original.

— Il est fou, grogna Louville du fond de son manteau.

— Monsieur, dit le chevalier répondant à l'interpellation de Louville, je n'ai point affaire et ne désire point avoir affaire à vous; c'est à M. Gratien seul, — en ce moment, du moins, — que j'ai l'honneur et que je fais l'honneur d'adresser la parole.

— Oh ! oh ! dit Gratien, il paraît que vous me connaissez, monsieur?

— Parfaitement, et de longue date.

— Pas depuis le collége, cependant? demanda en riant le jeune homme.

— Monsieur, répondit le chevalier, je désirerais que, soit au collége, soit ailleurs, vous eussiez reçu la même éducation que moi ; vous n'auriez rien à y perdre, comme courtoisie et comme moralité.

— Bravo, chevalier ! fit Louville en riant; morigénez-moi ce drôle-là.

— Je le ferai avec d'autant plus de plaisir et de conscience, monsieur, que, chez votre ami, malgré l'éducation mauvaise, le cœur est resté bon et honnête ; ce qui me donne quelque espoir de réussir...

— Tandis que chez moi?...

— Je ne tenterais pas plus de réformer le cœur que la taille; je crois qu'il y a dans tous les deux un mauvais pli adopté, et que j'arriverais trop tard.

— Bravo, chevalier ! fit à son tour Gratien, pendant que Louville, qui avait parfaitement compris l'allusion faite par le chevalier, avait l'air de chercher inutilement à comprendre ; bravo ! — Toi, mets cela dans ta poche !

— Oui, s'il y a de la place, répondit le chevalier.

— Ah ça ! dit Louville en frisant sa moustache, seriez-vous, par hasard, monté dans la malle-poste pour goguenarder ?

— Non, monsieur ; j'y suis monté pour parler sérieusement ; voilà pourquoi je vous prierai d'avoir la bonté de ne pas vous mêler de la conversation, attendu, je vous le répète, que c'est à M. Gratien, votre ami, que j'ai affaire, et non à vous.

— De sorte que, moi, je causerai avec Black ? dit Louville essayant de faire de l'esprit.

— Vous causerez avec Black si vous voulez, répliqua le chevalier ; mais je doute que Black vous réponde, pour peu qu'il se souvienne de vos bonnes intentions à son égard.

— Allons, bon ! fit Louville, voilà que j'ai eu de mauvaises intentions euvers Black, à présent ! Pourquoi ne me traduisez-vous pas tout de suite en cour d'assises ?

— Parce que, malheureusement, monsieur, répondit le chevalier, l'empoisonnement d'un chien n'est pas, en cour d'assises, regardé comme un crime, — quoique, à mon avis, il y ait certains chiens qui seraient plus à regretter que certains individus.

— En vérité, Gratien, dit Louville en s'efforçant de rire, je commence à moins t'en vouloir d'être la cause que monsieur nous fait l'honneur de sa compagnie; et, si le voyage se prolongeait seulement pendant deux ou trois jours, au lieu d'être terminé dans cinq ou six heures, je crois qu'en arrivant nous serions les meilleurs amis du monde.

— Eh bien, répondit le chevalier avec sa bonhomie moitié courtoise, moitié railleuse, c'est la différence qu'il y a entre vous et moi : plus le voyage serait long, moins je vous aimerais en arrivant; et je me félicite sincèrement et tout haut que le nôtre n'ait pas une plus longue durée.

— Mille cigares! dit le jeune officier en se redressant vivement dans son coin, en aurez-vous bientôt fini, monsieur, avec vos impertinences?

— Bon! fit le chevalier, voilà que vous vous fâchez parce que j'ai un peu plus d'esprit que vous. Considérez donc, monsieur, que j'ai le double de votre âge; à mon âge, vous en aurez probablement autant, et même plus que moi; seulement, il faut attendre. Patience, jeune homme! patience!

— C'est là une vertu, monsieur, dont vous semblez véritablement chargé de nous faire faire l'apprentissage, et il faut que nous possédions déjà d'assez jolies dispositions à l'acquérir pour que nous ayons pu supporter les calembredaines que vous nous débitez depuis dix minutes.

— Si monsieur, moins essoufflé, dit Gratien, voulait enfin aborder la question grave qu'il avait tout à l'heure remise à plus tard, vu l'émotion de sa course, — émotion qui, je suis heureux de le voir, n'a eu d'autre résultat que de lui délier le filet et de lui émoustiller l'esprit, — je serais en excellentes dispositions pour l'écouter.

— Pardieu! messieurs, vous voudrez bien, je le présume, être indulgents envers un vieillard et lui pardonner l'intempérance de son langage. La langue est, à mon âge, la seule arme que, non-seulement on n'ait pas désappris à manier, mais encore dans laquelle on ait fait des progrès; il ne faut donc pas trop me reprocher de m'en servir avec complaisance.

— Eh bien, soit; expliquez-vous, dit Louville; nous voici tout à l'heure au relais, et, si intéressante que soit la chose que vous avez à nous raconter, je ne suis nullement d'humeur, pour ma part, à lui sacrifier le bon sommeil que l'on goûte lorsqu'on est si doucement bercé. La diligence est la seule machine qui me rappelle mon enfance; le ronron des roues m'engourdit comme faisait le chant de ma nourrice. Voyons, de quoi s'agit-il?

— D'une chose très-grave et très-futile à la

fois, messieurs; d'une de ces affaires qui n'ont, d'habitude, pour un coureur de garnison, qu'un dénoûment agréable, — quoique souvent le désespoir, la misère ou le suicide en soient les conséquences. Il s'agit d'une séduction, j'adoucis le mot, dont monsieur Gratien s'est rendu coupable.

Gratien tressaillit; peut-être allait-il répondre, lorsque Louville, sans lui en donner le temps, prit la parole.

— Et vous vous constituez d'office le redresseur des torts de mon ami? dit-il. C'est un beau rôle, et la récompense ne peut manquer d'en être honnête, si la victime est tant soit peu reconnaissante; depuis don Quichotte, il était un peu tombé en désuétude; vous le faites revivre, bravo!

— J'ai déjà eu l'honneur de vous dire, monsieur, que je n'avais et ne voulais avoir aucunement affaire à vous. Je parle à M. Gratien. Que diable! s'il a pu se passer de vous comme interprète lorsqu'il a commis la faute, je présume que vous ne lui êtes pas nécessaire lorsqu'il s'agit tout simplement de la réparer.

— Et qui vous dit, monsieur, que ce n'est pas moi qui, dans cette affaire, ai été son conseil.

— Cela ne m'étonnerait aucunement; mais je plaindrais d'autant plus votre ami, en ce cas.

— Et pourquoi?

— Parce qu'il serait la seconde victime de vos mauvais instincts.

— Voyons, finissons-en, monsieur ! dit Gratien. Quelle est l'honnête personne que vous m'accusez d'avoir séduite ?

— Il s'agit, monsieur, tout simplement de la jeune fille dont vous avez prononcé le nom tout à l'heure, de la maîtresse de Black, de Thérèse enfin !

Gratien demeura muet pendant quelques instants; puis il balbutia :

— Eh bien, que venez-vous me demander au nom de Thérèse ? Voyons, monsieur.

— De l'épouser, pardieu ! s'écria Louville. Monsieur, qui me paraît un homme sérieux, ne se serait pas dérangé à moins ! Voyons, Gratien, es-tu prêt à conduire à l'autel mademoiselle Thérèse ? Eh bien, écris au colonel, demande à ton père et au ministre la permission, et dormons ! car, maintenant que nous savons ce que désire monsieur, c'est ce que nous avons de mieux à faire.

— Vous sentez bien, monsieur, reprit Gratien, auquel l'intervention de son ami venait de rendre quelque assurance, que tout ceci ne peut être qu'une plaisanterie. Certainement, je suis prêt à remplir près de mademoiselle Thérèse mes devoirs de galant homme ; mais...

— Mais vous commencez par y manquer, dit le chevalier de la Graverie.

— Comment cela ?

— Sans doute : le premier devoir de celui que vous appelez un galant homme et que j'appellerais, moi, un honnête homme, n'est-il pas de donner un nom à son enfant ?

— Eh quoi ! s'écria Gratien, Thérèse...?

— Hélas ! monsieur Gratien, reprit le chevalier, c'est une des conséquences les moins tristes du gracieux dénoûment dont je vous parlais tout à l'heure.

— Et quand cela serait, que voulez-vous qu'il y fasse? interrompit de nouveau Louville. Vous semblerait-il convenable qu'un escadron de nourrices fût attaché à chaque régiment? Nous avons changé de garnison : que voulez-vous ! c'est un malheur. Que la belle cherche un consolateur dans les lanciers qui nous ont succédé ; elle est assez jolie pour n'avoir pas besoin de chercher longtemps.

— Vous partagez les sentiments que votre ami vient d'exprimer ? demanda le chevalier à Gratien.

— Pas tout à fait, monsieur. Louville, dans son amitié pour moi, va beaucoup trop loin. Certes, j'ai eu des torts, de grands torts vis-à-vis de mademoiselle Thérèse, et je voudrais pour beaucoup qu'elle ne se fût pas trouvée sur mon chemin ; je suis donc prêt, je vous le répète, à faire tout ce qui dépendra de moi pour adoucir sa position ; et cette assurance vous suffira : vous êtes un homme du monde, monsieur, et vous sentez trop combien une pareille union serait incompatible avec les obligations sociales d'un homme de ma condition, pour insister davantage.

— C'est ce qui vous trompe, monsieur Gratien : j'insisterai, et j'ai encore de vous une assez bonne opinion pour espérer que mes prières ne seront pas vaines.

— En ce cas, laissez-moi vous répondre, monsieur, que ce que vous demandez est impossible.

— Rien n'est impossible, monsieur Gratien, insista le chevalier, quand l'homme se trouve en face d'un devoir. J'en sais quelque chose, moi qui vous parle. Tenez, il y a quelques années, je ne pouvais supporter sans frémir la vue d'une épée nue ; l'explosion d'une arme à feu me faisait tressaillir ; tout ce qui devait déranger l'équilibre parfait de ma vie me donnait la fièvre. Eh bien, à l'heure qu'il est, me voilà courant les chemins, dans une mauvaise diligence, au lieu de dormir bien douillettement dans mon lit ; allant à reculons, ce qui m'est particulièrement désagréable ; prêt à faire davantage encore, tout cela parce que le devoir a parlé. Vous êtes jeune, monsieur, et de taille à envisager sans frémir bien d'autres impossibilités.

Gratien allait faire une réponse quelconque; mais Louville ne lui en laissa point le temps.

— Allons donc, mon cher monsieur! dit-il au chevalier de la Graverie; mais vous êtes fou, à moins que... Mais oui, tenez, voici un moyen. Puisque le mariage de mademoiselle Thérèse vous paraît si urgent; puisqu'à votre avis, il est nécessaire que son enfant ait un nom, pourquoi n'épousez-vous pas la mère et ne reconnaissez-vous pas l'enfant?

— Si des obstacles matériels que j'ai le droit de ne pas vous faire connaître ne m'interdisaient cette pensée, sur le refus que vient de me faire M. Gratien, je ne penserais plus qu'à cela.

— Mille cigares! reprit Louville, vous êtes un homme antique!

— Pardon, monsieur, dit Gratien, tout à l'heure vous avez nié l'impossibilité, et voilà que vous l'invoquez maintenant. Pourquoi ce privilége en votre faveur, ce monopole à votre profit?

— Admettez deux motifs : ou que je sois marié, ou qu'un degré de parenté trop proche m'unisse à Thérèse; dans l'un ou l'autre cas, je ne puis être son mari?

— J'en conviens.

— Tandis que vous, vous êtes garçon et étranger, par les liens du sang du moins, à la jeune fille dont nous nous occupons.

Gratien se tut.

— Voyons, continua le chevalier, examinons froidement, monsieur Gratien, ce qui vous empêcherait de rester honnête homme à vos propres yeux, si ce n'est à ceux de vos amis. Pourquoi vous refuseriez-vous à donner votre main à une jeune fille que vous avez assez aimée pour commettre vis-à-vis d'elle une action qui ressemble fort à un crime, et à reconnaître ainsi l'enfant dont elle va vous rendre père? Certes, vous n'avez rien à dire contre l'extérieur de celle que je m'obstine à considérer comme votre future épouse.

— C'est vrai, répondit Gratien.

— Bah! un minois chiffonné, fit Louville.

— Comme caractère, il est impossible de rencontrer une femme plus douce, et je vous jure qu'elle sera si reconnaissante de ce que vous ferez pour elle, que ce sentiment lui tiendra lieu de l'amour qu'elle n'éprouve pas précisément pour vous.

— Mais c'est une grisette!

— Une ouvrière, monsieur, ce qui n'est pas toujours la même chose; une simple ouvrière, c'est vrai; mais, moi qui m'y connais, je trouve que bien des grandes dames d'aujourd'hui ne possèdent pas la distinction naturelle que j'ai remarquée dans cette ouvrière. Lorsque, pendant quelques mois, elle se sera frottée au monde, Thérèse sera certainement une femme fort remarquable et fort remarquée.

— C'est convenu, s'écria Louville : elle a vingt-cinq mille livres de rente en qualités.

— Mais ma famille, monsieur, dit Gratien, ma famille, qui est noble et riche, croyez-vous que, dans le cas où je consentirais à ce que vous me proposez, elle voudrait jamais autoriser une semblable union?

— Qui vous dit que la famille de Thérèse ne vaut pas la vôtre?

— Laissez faire monsieur, Gratien, dit Louville, et nous allons voir tout à l'heure Thérèse devenir une archiduchesse qui faisait de la lingerie pour son agrément.

— Il y a plus, monsieur, poursuivit le chevalier : qui vous dit que Thérèse n'a pas à attendre une fortune au moins égale à la vôtre?

— Dame! fit Gratien embarrassé, si cela était...

— Allons donc! s'écria impétueusement Louville; la contagion vous gagne, il me semble : vous devenez fou, Gratien, plus fou, sur ma parole, que le bonhomme qui vous parle! Mais je suis là, moi, par bonheur, et je ne vous laisserai pas vous enferrer davantage. Répondez-lui donc, une fois pour toutes, par un *non* bien sec et bien carré, afin qu'il nous laisse dormir en repos et aille au diable, lui, son infante et leur chien!

Et, en manière de péroraison, Louville lança un coup de pied à Black, pour lequel, on se le rappelle, il n'avait jamais eu une grande affection.

Black poussa un hurlement douloureux.

M. de la Graverie reçut en plein cœur le contre-coup de ce coup de pied.

— Monsieur, dit-il à Louville, votre langage a été, jusqu'ici, celui d'un sot; votre action est celle d'un homme brutal et sans éducation. Qui bat le chien, frappe le maître.

— J'ai battu votre chien, parce qu'il me gêne en se roulant entre mes jambes. Et, tenez, au fait, je vais appeler le conducteur et lui dire d'exécuter le règlement. Les chiens n'ont pas le droit d'entrer dans les malles-poste.

— Dumesnil... c'est-à-dire mon chien est cent fois plus à sa place ici que vous, monsieur, et vous venez de donner à mon pauvre ami un coup de pied que vous payeriez cher, si je n'avais point affaire particulièrement à M. Gratien et si je ne m'étais point juré à moi-même de ne pas me laisser détourner de mon but.

Puis, s'adressant à Gratien :

— Voyons, finissons-en, monsieur, dit-il ; car la discussion, je vous prie de le croire, pour être plus posée de ma part, parce que je suis un gentilhomme, ne me plaît pas plus qu'à vous. Voulez-vous, oui ou non, rendre à cette jeune fille l'honneur que vous lui avez enlevé ?

— Posée ainsi, monsieur, la question ne peut obtenir de moi qu'une réponse : non.

— Vous vous attaquez à une enfant pauvre, isolée, sans appui, sans défense ! Vous avez employé un indigne subterfuge pour triompher d'elle ! J'ai encore assez bonne opinion de vous, monsieur, je veux ne pas croire, sur votre premier refus, que vous êtes sérieusement décidé à abandonner pour un lâche la mère à son désespoir, et à jeter votre enfant sur le pavé, à la merci de la charité officielle et de la pitié publique.

— Monsieur, s'écria Gratien, vous vous vantiez tort à l'heure d'être gentilhomme ; moi aussi, je le suis : en cette qualité, j'ai été habitué au respect des cheveux blancs ; mais ce respect ne peut aller jusqu'à me laisser insulter. Il y a un mot de trop dans ce que vous venez de dire ; rétractez-le à l'instant, je vous en prie !

Et, en effet, Gratien prononça ces derniers mots en vrai gentilhomme.

— Oui, monsieur, dit le chevalier, qui comprenait qu'il avait été trop loin, et que le mot *lâche* est un de ceux que ne peut supporter un militaire; oui, je rétracterai tout ce que vous voudrez; mais, à votre tour, faites ce que je vous demande, je vous en conjure! Si vous saviez combien elle a souffert, la pauvre Thérèse! si vous saviez combien elle était peu née pour souffrir! elle est si bonne, si douce, si tendre! Oh! vous ne vous repentirez jamais de ce qui aura été une bonne action. S'il lui faut un nom, je lui en trouverai un, monsieur, un nom honorable, — le mien. Si vous avez besoin de fortune pour jouir de la vie, je vous abandonnerai ma fortune et ne me réserverai qu'une petite rente viagère; vous-même fixerez cette rente; je me contenterai de ce que vous voudrez bien me laisser. Je vivrai heureux de votre bonheur; vous me permettrez de la voir de temps en temps, et cela nous suffira... N'est-ce pas, Black? n'est-ce pas, mon vieil ami? Tenez, monsieur, Gratien, c'est ici, à genoux, que le pauvre vieillard vous conjure... c'est avec des larmes qu'il vous implore!

Le chevalier fit effectivement le geste de tomber à genoux; Gratien l'arrêta.

— Au fait, dit Louville, c'est une assez jolie spéculation que celle que monsieur te propose, et, à ta place, Gratien, j'y réfléchirais.

Le chevalier sentit où tendait l'insinuation que lançait si perfidement le lieutenant, et, se tournant de son côté :

— Ah ! monsieur, lui dit-il, n'est-ce donc point assez que d'avoir, par vos conseils, causé le malheur de la pauvre Thérèse, sans vous opposer au mouvement de repentir qui pourrait naître dans le cœur de votre ami ? Que vous a donc fait l'innocente enfant, pour que vous cherchiez encore à empêcher M. Gratien de réparer une faute qui, en bonne justice, est plus la vôtre que la sienne ?

Par malheur, l'effet était produit.

— Vous avez peut-être raison dans ce que vous venez de dire, monsieur, repartit Gratien, et je ne vous cacherai point que vos paroles m'avaient touché; mais la raison doit passer par-dessus toutes les autres considérations, et, tout bien réfléchi, je n'épouserai pas mademoiselle Thérèse.

— C'est votre dernier mot ?

— C'est mon dernier mot, monsieur. Je n'épouserai pas une fille pauvre et d'obscure naissance, je ne ferai pas une spéculation; votre protégée ne peut être que dans l'une ou l'autre de ces deux alternatives et je les repousse également.

Le chevalier cacha son visage entre ses mains. Sa douleur le suffoquait et il n'était pas assez maître de lui pour la dissimuler.

— Votre douleur me fait mal, monsieur, continua Gratien ; mais, comme cependant elle ne peut rien sur mon irrévocable détermination, je crois que je ferai bien de vous céder la place. Nous voici au relais; je vais prier le courrier de me prendre avec lui.

En effet, presque au même instant la voiture s'arrêta, et le jeune homme descendit sans que le chevalier dît un seul mot, fît un seul geste pour le retenir.

— Et, maintenant, monsieur, dit Louville en ramenant son manteau sur son visage, je crois qu'il est temps de nous souhaiter mutuellement une bonne nuit ; et je vais, de mon côté, je vous le promets, tâcher de rattraper le temps que vous m'avez fait perdre.

— J'abuserai cependant une fois de plus de cette complaisance dont vous m'avez donné tant de preuves, monsieur, repartit le chevalier avec ironie, et je vous prierai de me donner l'adresse de votre ami.

— Pourquoi faire? demanda Louville.

— Pour essayer une fois encore de toucher son cœur.

— Inutile ! Il vous a dit que sa résolution était irrévocable.

— Je reviendrai à la charge, monsieur; un

père ne se fatigue jamais d'intercéder pour son enfant, et Thérèse est presque mon enfant.

— Mais puisque je vous dis, moi, que c'est inutile.

— Et bien, alors, monsieur, je vous demanderai la vôtre.

— La mienne? Vous n'avez personne à me faire épouser, il me semble.

— Monsieur, remarquez que j'insiste pour avoir votre carte.

— Mille cigares! vous me dites cela d'un air presque provocateur; seriez-vous feu M. de Saint-Georges, par hasard?

— Non, monsieur, je ne suis qu'un pauvre diable de bonhomme qui hais les querelles et a le sang en horreur, et ce sera, je vous le jure, bien malgré moi si jamais je suis forcé de répandre celui de mon prochain.

— Alors, dormez tranquille, mon cher monsieur, et ne me tourmentez pas davantage pour avoir un morceau de carton qui vous serait parfaitement inutile dans les dispositions pacifiques où vous êtes.

En achevant ces paroles, Louville appuya sa tête contre l'angle de la voiture, et, quelque temps après, les ronflements sonores du jeune officier se mariaient au fracas des roues sur le pavé.

M. de la Graverie ne dormit pas, lui : il passa ce qui restait de la nuit à penser à ce qu'il dirait à son frère, en face duquel il devait se trouver dans quelques-heures ; à chercher où et comment il pourrait retrouver des traces de la naissance de Thérèse ; et sa préoccupation fut si grande, que, malgré toute son horreur pour la marche à reculons, il ne songea pas même à s'emparer de la place que le départ de Gratien avait laissée vide.

Le lendemain, à cinq heures, la voiture entrait dans la cour de l'hôtel des Postes.

Là, le chevalier et ses deux compagnons se retrouvèrent à côté les uns des autres.

Le chevalier de la Graverie eût volontiers essayé encore une fois de remettre la conversation sur Thérèse, avant de laisser s'éloigner son séducteur ; mais Louville ne lui en donna pas le temps ; il prit Gratien par le bras, et tous deux sortirent, suivis d'un commissionnaire chargé de leur bagage.

— Une voiture ! demanda le chevalier.

On lui amena un fiacre.

Le commissionnaire, voyant une malle aux pieds du chevalier, chargea la malle auprès du cocher, et reçut du chevalier distrait une pièce de vingt sous pour la peine qu'il avait prise.

Le chevalier fit monter Black le premier dans le fiacre et s'assit près de lui en grelottant ; car le pauvre chevalier était parti sans manteau, et la fraîcheur du matin se faisait vivement sentir.

— Où faut-il vous conduire, bourgeois? demanda le cocher.

— Rue Saint-Guillaume, faubourg Saint-Germain, répondit le chevalier.

IV

— Comment M. le baron de la Graverie entendait et pratiquait les préceptes de l'Évangile. —

Bien qu'il ne fût que cinq heures et demie du matin, le chevalier de la Graverie ne songea point un instant à remettre à plus tard la visite qu'il voulait faire à son frère.

Comme tous les gens lents à prendre un parti, le chevalier, une fois sorti de sa voluptueuse tranquillité, ne savait plus ni temporiser ni attendre.

D'ailleurs, les questions qu'il allait poser au baron lui semblaient si importantes, qu'il ne doutait point que toutes les portes de l'hôtel de la Graverie ne s'ouvrissent immédiatement devant lui.

Le baron habitait, rue Saint-Guillaume, une de ces immenses demeures dont les proportions jurent assez ordinairement avec le luxe étriqué et les habitudes parcimonieuses de ceux qui les habitent aujourd'hui.

Le fiacre du chevalier s'arrêta devant une grande porte cintrée aux épais battants de chêne, sur l'un desquels le cocher fit, à plusieurs reprises, retentir un lourd marteau.

Rien ne bougea dans l'intérieur de l'hôtel.

Le cocher réitéra ses appels, en ayant soin de les rendre de plus en plus bruyants, et, enfin, une voix glapissante, partie d'une loge construite à droite de la porte cochère suivant les anciennes traditions, parlementa longtemps avant de se décider à tirer le cordon.

Le chevalier profita de l'entre-bâillement de la porte pour pénétrer dans la cour; il paya son cocher, siffla Black, qui commençait d'explorer les lieux, et s'adressa à une tête coiffée d'un bonnet de coton et bizarrement éclairée par la lueur fantastique d'une mauvaise chandelle qu'une main décharnée sortait du vasistas pour reconnaître le visiteur matinal.

— M. le baron de la Graverie est-il visible? demanda le chevalier.

— Plaît-il? fit le ou la concierge.

Le chevalier réitéra sa question.

— Ah çà! mais vous êtes fou, mon cher monsieur ! s'écria la tête. Permettez-moi d'abord de vous demander quelle heure il est.

Le chevalier tira naïvement sa montre et concentra tout ce qu'il avait de puissance dans les yeux pour y voir au milieu du crépuscule.

— Six heures, mon cher monsieur... ou ma brave dame, dit le chevalier; car votre chandelle éclaire si mal, que je ne saurais bien précisément dire à quel sexe vous appartenez, et si c'est au concierge ou à la concierge de mon frère que j'ai l'honneur d'adresser la parole.

— Comment ! vous êtes le frère de M. le baron? s'écria la tête avec un accent d'étonnement que la main accompagna d'un geste analogue. Mais entrez donc, alors, entrez dans la loge, monsieur, je vous en prie, entrez ! car, vraiment, vous grelottez en plein air, et, moi, je sens à mon nez que je m'enrhume.

— Ne serait-il pas beaucoup plus simple, dites-moi, que vous m'introduisissiez tout de suite chez mon frère?

— Chez votre frère? s'écria la tête en continuant de manifester, par son accent et par son geste, un étonnement croissant; mais impossible, monsieur, impossible ! Le cocher ne se lève qu'à sept heures; il ne fait jour chez le valet de chambre de monsieur qu'à huit; enfin, il pourra être dix heures lorsque ce dernier entrera chez M. le baron, et, avant que la toilette de monsieur votre frère soit faite, avant que notre maître ait éte rasé, poudré, habillé, il s'écoulera encore une heure au moins! c'est comme cela. Dame! il faut en prendre votre parti et vous résigner à la patience. Entrez donc, monsieur, entrez donc!

A ces mots, qu'elle regardait comme concluants et qui l'étaient en effet, la tête se retira du vasistas, qui se referma.

Mais presque aussitôt la porte s'ouvrit et offrit au chevalier l'hospitalité tiède et nauséabonde de la loge.

— Cependant, insista le chevalier ne pouvant se décider à franchir le seuil de la baraque, j'ai à entretenir mon frère de choses très-pressées et de la plus haute importance.

— Faire ce que désire monsieur, serait risquer de perdre ma place. M. le baron est bien trop sévère pour toutes les choses d'étiquette. Ah! il n'y a pas de danger que l'on désobéisse à ses ordres, à celui-là.

— Voyons, ma brave femme, puisque décidément vous êtes une femme, je prends tout sous ma responsabilité... Et, tenez, voilà d'abord un louis pour vous dédommager de l'ennui que votre complaisance pourra vous occasionner.

La concierge étendait la main pour saisir le jaunet, lorsqu'on entendit un grand bruit de planches renversées qui venait de la cour; à ce bruit se mêlaient des abois frénétiques et des cris de volaille en détresse.

La concierge ne fit qu'un bond de sa loge dans la cour en s'écriant :

— Oh ! mon Dieu ! qu'arrive-t-il aux cochinchinois de M. le baron ?

Quant au chevalier, n'apercevant pas Black près de lui, il frissonna, se doutant instinctivement de ce qui était arrivé.

En effet, la concierge avait à peine fait trois pas dans la cour, que l'épagneul revenait à son maître, tenant à sa gueule un énorme coq, dont la tête pendante, et allant de droite à gauche comme le balancier d'une pendule, indiquait suffisamment qu'il avait passé de vie à trépas.

C'était bien, comme l'avait dit la concierge, un coq de l'espèce dite cochinchinoise, alors dans toute sa nouveauté.

Le chevalier prit le coq par ses pattes, longues comme des échasses, et l'admira avec curiosité, tandis que Black regardait amoureusement sa victime et paraissait enchanté du chef-d'œuvre qu'il venait de faire.

Mais la concierge ne semblait nullement disposée

à partager l'admiration de l'un et la satisfaction de l'autre; car elle se mit à pousser des cris déchirants avec des invocations à la manière antique.

A ses cris, toutes les fenêtres s'illuminèrent, et à chacune de ces fenêtres apparurent des têtes capricieusement coiffées, qui de madras, qui de bonnet de coton, qui de serre-tête d'indienne; toutes, au reste, précieuses par le cachet d'ancien régime qui caractérisait chacune d'elles.

C'était la domesticité de M. le baron.

Chacune de ces têtes donnait passage à une voix dans un diapason différent, et chacune de ces voix s'enquérait à la fois de ce qui pouvait causer ce tumulte et troubler tant de braves gens au milieu de leur repos.

Il en résulta un brouhaha que domina bientôt le bruit d'une sonnette que l'on faisait vibrer à tour de bras.

A l'instant même, on entendit cette phrase sortir de toutes les bouches, avec un ensemble qui eût fait honneur aux comparses d'un théâtre du boulevard:

— Ah! voilà monsieur le baron réveillé.

Et le tumulte s'apaisa comme par enchantement; ce qui donna au chevalier une haute idée de la fermeté avec laquelle son frère aîné gouvernait son intérieur.

— Allons, madame Willem, dit le valet de chambre en arrachant son bonnet de coton et en découvrant son crâne nu et poli comme l'ivoire, allons, venez raconter à M. le baron ce qui s'est passé et lui expliquer comment des étrangers peuvent se trouver dans l'hôtel à cette heure de nuit.

— Je n'oserai jamais, répondit la pauvre concierge.

— Eh bien, j'irai, moi, dit le chevalier.

— Qui êtes-vous? demanda le valet de chambre.

— Qui je suis? Je suis le chevalier de la Graverie, et je viens voir mon frère.

— Ah! monsieur le chevalier, s'écria le valet de chambre, mille pardons de vous avoir parlé dans une tenue si peu convenable! Souffrez que je passe quelque vêtement, et j'aurai l'honneur de vous introduire auprès de votre frère.

Quelques instants après, le vieux domestique apparaissait à la porte du vestibule, où, après force salutations des plus respectueuses, il introduisit le chevalier.

Il lui fit d'abord monter un large escalier de pierres de taille à la rampe de fer ouvragé, lui fit traverser plusieurs pièces meublées de ces meubles jadis dorés, mais aujourd'hui peints en blanc par économie, frappa discrètement à une dernière porte, l'ouvrit, et annonça majestueusement, comme il eût pu le faire en introduisant un ambassadeur étranger chez un ministre :

— Monsieur le chevalier de la Graverie!

Le baron de la Graverie reposait dans un lit d'assez mince apparence et complétement veuf de rideaux. Comme tous les gentilshommes qui avaient passé par les rudes épreuves de l'émigration, le baron avait pris l'habitude de mépriser les superfluités de la vie, c'est-à-dire ce que l'on appelle aujourd'hui le confortable.

Une commode, un secrétaire en acajou, une table de nuit qui s'ouvrait par une coulisse, tels étaient, avec le lit, les seuls meubles de la chambre.

Sur la cheminée se dressait un carcel en cuivre, flanqué de deux chandeliers argentés et de deux cornets de porcelaine française; autour de la glace étaient pendus différents médaillons représentant le roi Louis XVIII, Charles X et monseigneur le Dauphin.

Là se bornaient tous les ornements de cette pièce froide et nue, qui ne répondait nullement à la position réelle de son propriétaire et au luxe de domestiques qui l'entouraient.

Au moment où le valet de chambre annonça le chevalier, le baron se dressa sur son coude, souleva de la main gauche un madras qui lui tombait sur les yeux, et, sans faire d'autre démonstration amicale :

— Et d'où diable sortez-vous, chevalier? s'écria-t-il.

Puis, après une pause, et comme obéissant à un sentiment de convenance :

— Jasmin, fit-il, avancez un tabouret à mon frère.

Le pauvre chevalier fut glacé par cet accueil. Il y avait une quinzaine d'années qu'il n'avait revu son frère, et, quels qu'eussent été les procédés de son aîné envers lui, ce n'était pas sans une profonde émotion qu'il se trouvait en présence de cet homme qui avait puisé la vie aux mêmes flancs que lui ; et tout son sang reflua vers son cœur lorsqu'il put se rendre compte du peu d'importance que le baron de la Graverie attachait à la vie où à la mort de son cadet.

Aussi lui laissa-t-il faire tous les frais de la conversation.

Le baron en profita.

— Par la sambleu ! comme vous êtes changé, mon pauvre chevalier ! dit le baron en inspectant son frère de la tête aux pieds, avec cette curiosité froide complétement dénuée d'intérêt.

— Je ne vous ferai pas le même compliment, mon frère, dit Dieudonné ; car je vous trouve le même air, la même mine, la même voix que le jour où je vous ai quitté.

En effet, le baron de la Graverie, toujours sec et osseux, ridé de bonne heure, avait vu impunément, en revanche, les années s'accumuler sur sa tête. Vivant sans souci comme les gens profondément égoïstes, il n'avait pas ajouté une ride à ses rides précoces, pas un cheveu blanc à ses cheveux gris avant l'âge.

— Et qui vous amène, monsieur mon frère? reprit le baron; car je présume qu'il n'a pas fallu moins qu'un motif bien grave pour que vous vous décidiez à forcer ma porte à une heure aussi indue. D'où venez-vous? Mon notaire, auquel je m'informai quelquefois de l'état de vos affaires et en même temps de celui de votre santé, m'a dit que vous viviez, je crois, à Chartres en Beauce, ou à Meaux en Brie... je ne sais plus... Non, je crois que c'est à Chartres, n'est-ce pas?

— Effectivement, mon frère, c'est à Chartres.

— Eh bien, que fait-on là? Les gens qui pensent bien y sont-ils nombreux? Philippe d'Orléans y compte-t-il beaucoup d'amis? A Paris, mon pauvre Dieudonné, la société se grangrène; la *Gazette de France* bat la breloque; Chateaubriand et Fitz-James se font libéraux, et nombre de gens bien nés se rallient. Pouah! c'est un temps bien déplorable que celui dans lequel nous vivons! Croiriez-vous que, pas plus tard qu'hier, la *Quotidienne* nous citait des noms de grands seigneurs, mais de vrais grands seigneurs, des gens dont les pères et les grands-pères montaient dans les carrosses du roi, qui ne rougissent pas de se faire industriels! des ducs, des marquis, qui deviennent marchands de fer et de charbons... que sais-je, moi!

— Mon frère, dit le chevalier, si cela vous était agréable, nous parlerions tout à l'heure de la chose publique, mais nous nous en tiendrions, pour le moment, aux intérêts privés qui m'amènent.

— Soit, soit, dit le baron légèrement piqué. Parlons de ce qu'il vous plaira. Mais qu'est-ce donc qui grouille à vos côtés, dans l'ombre?

— C'est mon chien, mon frère; n'y faites aucune attention.

— Et depuis quand, mon cher, fait-on des visites à un frère aîné avec une semblable escorte? Un chien, cela se met au chenil, et, quand on veut s'en servir ou le montrer à des connaisseurs, s'il est de race, on le fait amener par son piqueur. Il va souiller mon tapis.

Le tapis du marquis de la Graverie, notez bien cela, montrait la corde sur toutes ses faces et semblait avoir été jusqu'alors fort indifférent aux taches de toute espèce.

— Ne craignez rien, mon frère, répondit humblement le chevalier, qui comprenait toute l'importance qu'il y avait pour lui à ne pas indisposer son frère aîné; ne faites pas attention à Black : il est très-propre, et, si je l'ai amené avec moi, c'est qu'il me quitte rarement. Ce chien, c'est... c'est mon ami!

— Singulier goût que vous avez de placer vos amitiés dans cette espèce!

Le chevalier avait grande envie de répondre qu'à la façon dont la fraternité était pratiquée chez les hommes, on ne perdait rien à chercher un bon sentiment chez les bêtes; mais il résista à la tentation et se tint coi.

Malheureusement, tout n'était pas fini entre Black et le baron de la Graverie.

— Mais, chevalier, dit ce dernier, regardez donc ce que votre diable de chien tient entre ses pattes.

Le chevalier se retourna si brusquement du côté de Black, que celui-ci crut que son maître lui adressait une invitation d'aller à lui, et, ramassant le coq, que tout le monde avait oublié au coup de sonnette furibond du baron, il entra dans le cercle de lumière tracé autour du lit, tenant à la gueule le malheureux volatile qu'il avait étranglé dans la cour.

C'était l'état du pauvre Black d'étrangler et de

rapporter; étant dans l'exercice de ses fonctions, il croyait bien faire.

A la vue de l'oiseau mort, le baron se dressa convulsivement sur son séant.

— Par la mort-diable! s'écria-t-il, votre sot animal a fait là un beau chef-d'œuvre : un coq de Cochinchine que j'avait fait venir de Londres et qui m'avait bel et bien coûté douze pistoles! Vous aviez bien besoin, monsieur, de venir ici, et d'y venir en pareille compagnie! Je ne sais à quoi tient que je ne sonne mes gens et que je ne leur ordonne à l'instant de pendre cette maudite bête.

— Pendre Dumesnil! s'écria le chevalier mis tout hors de lui par cette menace; songez-y bien, mon frère, avant de donner un pareil ordre! je vous ai dit que ce chien était mon ami, et je le défendrais jusqu'à la mort!

Le pauvre chevalier s'était levé d'un bond en entendant la menace de son frère; et, tout en prononçant, de son côté, la menace par laquelle il y répondait, il brandissait son tabouret, comme s'il se fût déjà trouvé en présence de l'ennemi.

Son attitude belliqueuse étonna singulièrement le baron, qui l'avait toujours connu fort *poule mouillée*, comme il disait.

— Holà! mais quelle mouche vous pique donc, mon frère? s'écria ce dernier. Je ne vous connaissais pas ces transports héroïques. Savez-vous que vous êtes un hôte aussi dangereux que votre chien? Voyons, continua-t-il en jetant un coup d'œil sur le malheureux coq, que Black avait déposé à terre comme pour être prêt à soutenir son maître si besoin était; voyons, dites-moi vite de quoi il s'agit, et finissons-en.

Le chevalier déposa son tabouret, fit signe à Black de se tenir tranquille; puis, après s'être recueilli un instant :

— Mon frère, dit-il, je désirerais avoir des nouvelles de madame de la Graverie.

Le tonnerre tombant dans la ruelle de M. le baron ne l'eût pas plus étonné que cette demande inattendue, sortant de la bouche de son frère.

— Des nouvelles de madame de la Graverie? s'écria-t-il. Mais il me semble, mon cher Dieudonné, que, si vous avez attendu jusqu'à ce jour pour vous informer d'elle, c'est, en vérité, vous y prendre un peu tard.

— Oui, mon frère, répondit humblement le chevalier, oui, j'avoue qu'il eût été plus convenable à moi de chercher à savoir, dès mon arrivée en France, ce que Mathilde était devenue; mais, que voulez-vous! d'autres soins...

— Les soins de votre personne, sans doute; car, d'après ce qui m'a été raconté, et, si j'en juge par votre mine fleurie et la graisse qui vous boursoufle de tous côtés et fait craquer vos vêtements, il est facile de voir que, si vous êtes resté indifférent au sort de votre frère et de votre femme, vous n'avez pas négligé les soins de votre estomac.

— Enfin, mon frère, toute récrimination à part, aujourd'hui je désire savoir ce qui est arrivé de Mathilde après mon départ pour l'Amérique.

— Mon Dieu, que vous dirai-je? je ne la revis qu'une fois, lorsqu'il s'agit de régler les affaires dont vous m'aviez laissé la direction, et je dois avouer que je la trouvai beaucoup plus accommodante que je ne m'y attendais. Elle ne manquait point de bon sens, cette créature; elle comprit tout de suite la position exceptionnelle que lui faisait sa faute et se prêta de bonne grâce à ce que ma situation de chef de famille voulait que j'exigeasse d'elle.

— Mais, enfin, quelles furent ces conditions que vous vous crûtes contraint de lui imposer? s'écria le chevalier, qui voyait avec satisfaction son frère aller au-devant de l'interrogatoire qu'il comptait lui faire subir.

Par malheur, le baron était meilleur diplomate que le chevalier; il s'aperçut, à la mine embarrassée de son cadet, que sa question cachait une arrière-pensée, et, à tout événement, il résolut de ne rien révéler de ce qui s'était passé entre sa belle-sœur et lui.

— Mon Dieu, dit-il d'un air naïf, il ne m'en souvient guère à cette heure : c'était, autant que je puis me le rappeler, la promesse de ne plus porter votre nom, et, enfin, l'acquiescement de votre femme à l'acte qui me substituait à votre fortune, au cas où vous viendriez à décéder sans enfants.

— Mais, demanda le chevalier, comment Mathilde, qui était enceinte, put-elle se décider à signer cet acte qui livrait son enfant à la misère.

— La facilité même avec laquelle elle y donna son consentement vous prouverait, si vous en doutiez encore, combien les accusations portées contre elle étaient justes et fondées, puisqu'elle n'osait défendre ce qu'elle devait regarder comme le patrimoine de son enfant.

— Et cet enfant, qu'est-il devenu? demanda le chevalier abordant résolûment la question.

— Cet enfant? Sais-je seulement s'il y a eu un enfant, moi? Croyez-vous que j'avais du temps à perdre pour suivre, dans ses campagnes amoureuses, une drôlesse de ce genre? Elle accoucha, je ne sais où; deux ans après, elle mourut. J'ai là, dans mon bureau, son acte de décès. Peut-être sa grossesse s'est-elle bornée à une fausse couche; car il me semble hors de doute que, si ce fruit de l'adultère eût vécu, on n'eût pas manqué de s'adresser à ma charité bien connue, pour venir en aide à ce petit malheureux ou à cette petite malheureuse.

— Eh bien, mon frère, vous vous trompez, dit le chevalier piqué du sans façon avec lequel son frère traitait la femme qu'il avait tant aimée. Il y a eu une belle et bonne couche ; l'enfant existe ; c'est une grande et belle fille, qui est, je vous jure, le vivant portrait de sa mère.

Comprenant instinctivement qu'il portait à son frère le coup le plus douloureux qu'il pût lui porter, le chevalier donnait comme assurée la chose dont il doutait encore.

Malgré sa finesse et son assurance, le baron ne put s'empêcher de pâlir.

— Quelque jeune coquine qui cherche à abuser de votre crédulité, mon frère ! car ce que vous me dites là, n'est pas possible.

Le chevalier raconta alors tout au long son histoire avec Thérèse.

C'était une faute !

Le baron le laissa aller jusqu'au bout ; puis, quand il eut fini, il leva les épaules.

— Je vois, dit-il, que les années, si elles ont modifié votre intérieur et ballonné votre extérieur, n'ont rien changé à votre cervelle, mon pauvre

Dieudonné. Vous êtes fou! Mathilde n'a point laissé d'enfant, je vous en donne l'assurance.

Quel que fût le doute du chevalier lui-même à ce sujet, il ne voulut pas se démentir.

— Pardon, mon frère, dit-il, mais, malgré tout le respect que je vous dois, comme mon aîné, vous me permettrez de croire que votre affirmation ne prévaut pas contre mes...

Il allait dire *contre mes certitudes;* mais son honnête nature se refusa à ce mensonge; il se contenta donc de dire, après avoir hésité une seconde :

— Contre mes présomptions... Je pense, moi, au contraire, que Mathilde a laissé un enfant, et j'ai la *presque certitude* que cet enfant, c'est la fille dont je viens de vous parler tout à l'heure.

— Vous n'avez pas, monsieur, je le présume du moins, la prétention d'introduire cette intruse dans notre famille?

— J'ai la prétention, monsieur, dit le chevalier que l'égoïsme de son frère révoltait, de rendre mon nom à mon enfant aussitôt qu'il me sera possible de prouver au monde, comme il m'est déjà prouvé à moi-même, que Thérèse est ma fille.

— Votre fille! vous voulez rire, sans doute : la fille du lieutenant Pontfarcy!

— Ma fille ou la fille de ma femme, comme vous l'entendrez, mon frère. Tenez, moi, je n'y mets pas le moindre amour-propre ni le moindre respect humain ; qu'elle m'appartienne ou qu'elle ne m'appartienne pas, peu m'importe! — N'est-ce pas, Black? — Pour le monde, pour le droit, elle sera ma fille. *Pater is est quem nuptiæ demonstrant.* Je n'ai retenu que cela de mon latin, mais je le sais bien. Pour le cœur, elle me reviendra encore. J'ai assez aimé Mathilde, elle m'a rendu assez heureux pour que je paye, pour que j'achète même bien cher le portrait vivant qu'elle aura laissé après elle. Voyons, mon frère, voulez-vous, oui ou non, me dire ce que vous savez là-dessus?

— Encore une fois, monsieur, dit le baron, je ne sais rien, absolument rien! mais je saurais quelque chose, que je ne parlerais pas davantage; c'est à moi, comme l'aîné, comme le chef de la famille, qu'il appartient de sauvegarder l'honneur du nom que je porte, et je ne veux pas qu'il soit compromis par vos folies.

— Le nom n'est pas tout ici-bas, mon frère, et souvent nous n'obéissons aux préjugés et aux convenances de la société qu'aux dépens des préceptes de l'Évangile et des commandements du Sauveur des hommes.

— Ainsi, s'écria le baron en se dressant une seconde fois sur son séant, en croisant les bras, et en hochant la tête à chaque syllabe qu'il prononçait; ainsi, vous n'attendez qu'une preuve de la naissance de cette fille pour oublier que la mère a déshonoré votre nom et brisé votre vie; qu'elle vous a torturé, banni de votre pays? Eh bien, tenez, je vais vous donner une nouvelle preuve de l'indignité de cette femme. Vous avez cru, jusqu'ici, que M. de Pontfarcy avait été son seul amant : point! elle en avait deux. Le second, devinez qui c'était? Ce capitaine Dumesnil, cet Oreste dont vous étiez le Pylade!

— Je le savais, dit simplement le chevalier.

Le baron recula d'épouvante, étouffant dans ce mouvement son oreiller contre le dossier de son lit.

— Vous le saviez? s'écria-t-il.

Le chevalier fit de la tête un signe affirmatif.

— Eh bien, cherchez, démêlez votre paternité au milieu de ce conflit d'adultères, si vous le pouvez; pardonnez, si vous l'osez.

— Je pardonnerai, parce que c'est plus que mon droit, mon frère: parce que c'est mon devoir.

— A votre aise! moi, je vous dirai ceci, monsieur : il faut être sans pitié pour ceux qui commettent les fautes qui, en démoralisant la société, nous ont conduit dans l'abîme où nous sommes.

— Vous oubliez, mon frère, vous qui, cependant, avez la prétention d'être un homme religieux, vous oubliez que le Christ à dit : « Que celui de vous qui est sans péché lui jette la première pierre.» Or, de qui était-il question, je vous le demande, si ce n'est d'une femme adultère, d'une Mathilde juive?

— Ah ! vous allez prendre l'Évangile à la lettre, vous? s'écria le baron.

— Au surplus, mon frère, reprit doucement le chevalier, pour ne pas mettre l'Évangile dans tout cela, je trouve tout simplement que mieux vaudrait que mademoiselle Thérèse — en supposant qu'elle ne fût que mademoiselle Thérèse — devînt mademoiselle de la Graverie que de penser que mademoiselle de la Graverie pût rester mademoiselle Thérèse.

— Faites-en une religieuse, monsieur ; payez sa dot sur votre revenu, puisque vous vous intéressez tant à une fille de la borne !

— Il importe au bonheur de Thérèse qu'elle ait un nom, et c'est un nom que je cherche pour elle.

— Mais, mort-diable! songez-y, monsieur, le jour où elle aura votre nom, elle aura aussi votre fortune.

— Je le sais.

— Et vous oseriez dépouiller votre famille, frustrer mes fils, qui sont vos héritiers légitimes, pour jeter votre fortune à un enfant dont vous n'êtes pas, dont vous ne pouvez pas être le père?

— Qui le prouve?

— Cette lettre même que je voulais vous remettre, le jour où je me décidai à vous faire connaître l'inconduite de votre femme; lettre que Dumesnil osa déchirer malgré mes prières.

— Cette lettre, je ne l'ai point lue, vous devez vous en souvenir, mon frère.

— Oui; mais je l'ai lue, moi, et je puis vous affirmer que, dans cette lettre, Mathilde félicitait M. de Pontfarcy d'une parternité dont elle lui attribuait tout l'honneur.

— En feriez-vous vraiment le serment sur votre foi de gentilhomme? demanda le chevalier, qui, depuis quelques instants, paraissait rêveur.

— Sur ma foi de gentilhomme, je le jure, dit le baron.

— Eh bien, grand merci, mon frère! dit en respirant le chevalier.

— Et pourquoi cela, grand merci?

— Parce que vous mettez ma conscience à l'aise; car, puisqu'il m'est impossible de reconnaître la pauvre Thérèse pour ma fille, je vais me décider à une chose à laquelle j'avais songé déjà : c'est à en faire ma femme, et, par ma foi de gentilhomme aussi, mon frère, dans quelques mois d'ici, je vous aurai donné, je vous le jure à mon tour, ou un bon gros neveu, ou une gentille petite nièce.

Le baron fit un bond furieux dans son lit.

— Sortez d'ici, monsieur! dit-il, sortez à l'instant même, et ne vous avisez jamais d'y remettre les pieds! et si vous tenez à exécuter l'infâme projet dont vous venez d'avoir l'audace de me parler, je vous donne ma parole d'honneur que j'use de tout mon crédit pour vous faire interdire.

Le chevalier, qui s'émancipait de plus en plus, ne prêta qu'une médiocre attention aux menaces de son frère. Il prit son chapeau, siffla Black aussi familièrement qu'il eût pu le faire dans une écurie, et ferma la porte en laissant le baron en tête-à-tête avec son coq cochinchinois étranglé, et dans une exaspération difficile à décrire.

VI

— Comment les pirates du boulevard des Italiens coupent les amarres et enlèvent les convois. —

L'idée que le chevalier de la Graverie venait de communiquer à son frère aîné, et qui avait si fort agacé le système nerveux de celui-ci, semblait tout à fait praticable à notre héros; aussi, malgré l'insuccès des démarches qu'il avait accomplies en moins de douze heures, paraissait-il tout joyeux en quittant l'hôtel de la rue Saint-Guillaume.

— L'un refuse d'épouser ce cher petit ange, disait-il ; l'autre veut m'empêcher de lui donner le nom qui lui revient; eh bien, je vais joliment les attraper tous les deux ! J'étais, ma foi, bien bon de quitter Chartres, de m'aventurer dans cette maudite malle-poste,— où j'ai ramassé une courbature que je devrais peut-être, si j'étais raisonnable, combattre au plus vite par des frictions ; — j'étais bien simple de venir me morfondre à la porte de ce vieux fou égoïste, de me risquer à battre le pavé de Paris comme je le fais à cette heure, sans linge, sans vêtement et sans abri, lorsqu'il m'était si facile de donner à la fois une fortune à la pauvre Thérèse et une paternité à son enfant !... Je le ferai, oui, de par Dieu ! je le ferai, et monsieur mon frère, qui compte si bien sur ma succession, en aura un pied de nez ! Bien entendu que, si, pour le monde, je donne à la pauvre enfant le titre d'époux, je ne serai jamais pour elle qu'un père...

Le chevalier en était là de son monologue lorsqu'il s'entendit appeler.

Il se retourna et aperçut le valet de chambre de son frère qui courait après lui, une petite malle sur l'épaule.

— Monsieur le chevalier ! monsieur le chevalier! criait ce dernier en se rapprochant de lui, vous oubliez votre valise!

— Ma valise? fit le chevalier s'arrêtant; mais, sac à papier! je n'avais avec moi aucune valise, que je sache du moins.

— Cependant, monsieur le chevalier, dit le valet de chambre tout essoufflé en rejoignant M. de la Graverie, c'est bien le cocher qui vous a amené qui a déposé cette petite malle au coin de la loge. Madame Willem, la concierge, en est certaine.

Le chevalier prit la valise des mains du valet de chambre, la tourna et la retourna dans tous les sens, puis enfin aperçut sur la partie supérieure un carte coupée en deux, où il lut le nom et l'adresse suivants :

« M. Gratien d'Elbène, officier de cavalerie, rue du faubourg Saint-Honoré, n° 42. »

— Parbleu! s'écria le chevalier, voilà une erreur dont je ne me plaindrai pas, et je suis sûr, maintenant, de retrouver mon homme quand bon me semblera.

Dieudonné remercia le valet de chambre, joignit un louis au remercîment, fit signe à un commissionnaire, lui mit la malle sur l'épaule, et continua son chemin en quête d'un hôtel où il pût se reposer de ses fatigues.

Il trouva cet hôtel rue de Rivoli.

Après avoir pris une chambre au premier étage pour n'avoir pas trop haut à monter, après y avoir fait allumer un grand feu auquel il exposa ses reins et ses épaules de manière à les faire presque cuire; après avoir installé Black sur des coussins que, sans pudeur aucune, il prit au canapé de velours d'Utrecht qui ornait la chambre qu'on lui avait donnée, le chevalier se mit au lit; mais, contre son attente et malgré sa fatigue, il lui fut impossible de s'endormir.

Tant que son esprit s'était trouvé échauffé par la discussion qu'il avait eue avec son frère, il avait, comme nous le lui avons entendu dire à lui-même, trouvé qu'épouser Thérèse serait la chose la plus simple, la plus naturelle et la plus logique du monde; mais, depuis que le hasard lui avait remis sous les yeux le nom du séducteur de la jeune fille, il s'était pris à réfléchir plus froidement, et, à chaque réflexion nouvelle, il rencontrait des objections qui révoltaient sa délicatesse et dont la plus grave était celle-ci :

Lui demeurait-il bien prouvé que Thérèse ne fût point son enfant, et, dans le cas où elle le serait, quelle que fût la réserve de ses relations avec la jeune femme, n'y aurait-il pas quelque chose de profondément immoral dans cette union ?

Puis, qui lui disait que le baron n'avait pas quelque preuve de cette naissance, preuve que son aîné lui cacherait tant qu'il aurait intérêt à le faire, mais qu'il rendrait publique, pour se venger, le jour où cette preuve pourrait produire un incestueux scandale?

A ces deux objections, qui se dressaient menaçantes au fond de son esprit, et peut-être bien même au fond de sa conscience, le chevalier retomba rapidement dans toutes ses indécisions et dans toutes ses angoisses. Il résolut de ne pas renoncer entièrement à cette idée qui lui semblait une épée de Damoclès bonne à suspendre au-dessus de la tête de monsieur son aîné; mais il résolut en même temps, quoi qu'il en coûtât à sa paresse et à son amour du repos, de tout faire, de tout tenter pour donner un autre dénoûment aux amours de la pauvre Thérèse.

Agité comme il l'était, Dieudonné se tourna et se retourna tant dans son lit, qu'il craignit de se donner une seconde courbature, et qu'il prit le parti de se lever.

Il s'habilla, dissimula tant bien que mal, sous son gilet boutonné le plus haut possible, la fraîcheur douteuse de sa chemise, et sortit en se disant que le grand air lui donnerait peut-être les idées qui lui faisaient défaut en restant enfermé dans une chambre d'hôtel garni.

Nous l'avons dit, M. de la Graverie était essentiellement flâneur, et, malgré les sérieuses préoccupations auxquelles il était en proie, il trouva dans les rues de Paris, qu'il n'avait point parcourues depuis dix-sept ou dix-huit ans, trop de prétextes à flânerie pour ne pas être promptement distrait de ses pensées.

C'étaient d'abord les omnibus, invention nouvelle pour M. de la Graverie, qui les considérait avec curiosité.

Puis c'étaient les marchands de toute espèce, les magasins de tout genre ; les cafés, dont le luxe avait pris, depuis quelque temps, des proportions qui stupéfiaient le pauvre Dieudonné et qui, à chaque pas, le clouaient sur le trottoir.

Black ne semblait pas moins étonné que M. de la Graverie au milieu de cette cohue ; il allait, venait, courait d'un air effaré, bousculé par l'un, arrêté par l'autre, perdant son maître toutes les cinq minutes, traversant alors la rue la tête haute et le nez au vent, entrant dans toutes les portes qu'il trouvait ouvertes, flairant chaque passant, disparaissant, reparaissant et redisparaissant, tant et si bien, qu'il commença à donner les plus vives inquiétudes au chevalier.

— Par la sambleu ! dit celui-ci, pour peu que cela dure, je ne puis manquer de perdre mon chien. C'est singulier comme, du jour où il est soumis à la métempsycose, l'homme prend les habitudes du corps que Dieu lui a donné à habiter. Je vous demande un peu qui diable reconnaîtrait le grave capitaine de grenadiers Dumesnil dans ce chien qui court comme un fou, au lieu de se tenir prudemment à mes côtés.

Ces réflexions inspirèrent au chevalier l'idée ingénieuse d'acheter une laisse; il en passa le porte-mousqueton dans l'anneau du collier de l'épagneul, et, traînant l'animal à la remorque, il continua ses périgrinations à travers les rues de Paris, où, comme un autre Christophe Colomb, il semblait marcher de découvertes en découvertes.

Black, déchargé de tout souci, semblait enchanté de cette nouvelle manière de voyager et suivait son maître sans opposer la moindre résistance.

Cependant, la soirée approchant sans que M. de la Graverie se fût encore arrêté à aucune résolution, il songea qu'il était temps de satisfaire les besoins de son estomac.

Sa première idée avait été de se rendre dans ce but, soit chez Véry, soit aux Frères-Provençaux, soit au Rocher-de-Cancale, qui étaient, comme souvenirs gastronomiques, restés dans son esprit; mais il aperçut un restaurant couvert de tant de dorure et de sculpture, qu'il pensa que la cuisine de l'établissement devait être en harmonie avec l'élégance extérieure de la maison; il y entra donc et se fit servir, pour lui et Black, un dîner qu'il trouva détestable, mais que Black, moins difficile que son maître, mangea, lui, sans sourciller.

Le chevalier paya la carte et sortit.

Pendant son absence, la carte avait changé de nom : elle s'appelait *l'addition.*

M. de la Graverie fit une légère grimace en vérifiant la susdite addition ; il avait mangé ou plutôt on lui avait servi un dîner de 39 francs 60 centimes qui, dans son appréciation culinaire, ne valait pas, à part le vin, un petit écu.

Nous devons avouer, avec notre franchise bien connue, que, pendant le dîner, M. de la Graverie, qui avait jugé à propos de faire au garçon des observations, d'abord, sur la façon dont il fermait la porte de son cabinet, sans pouvoir obtenir de lui qu'il la fermât plus doucement; puis des commentaires sur chaque plat que ce même garçon lui servait, le chargeant d'expliquer au chef comme quoi la sauce tomate doit, dans sa préparation, absorber un tiers d'oignons et deux tiers de pommes d'amour, comme quoi le fricandeau doit être brais dessus et dessous, comme quoi les écrevisses doivent être cuites au vin de Bordeaux, qui ne s'aigrit pas sur le feu comme le vin de Châblis, et servies chaudes dans leur sauce au lieu d'être servies froides et sèches sur un lit de persil; nous devons avouer, disons-nous, qu'en exposant ces théories gastronomiques pour le plus grand avantage de ceux qui viendraient après lui se réconforter dans le même restaurant, M. de la Graverie avait vidé une bouteille de chambertin grand cru et une demi-bouteille de château-laffitte, retour des Indes.

Cet excès n'était point dans ses habitudes.

Il sortit donc fort échauffé et reprit sa promenade sur le boulevard, en tenant la corde au bout de laquelle marchait Black, corde que, pour plus de sûreté, il avait roulée autour de son poignet.

Le chevalier était de fort méchante humeur. Il avait supporté tant bien que mal les inconvénients d'une nuit sans sommeil, assaisonnée d'un dialogue plein d'émotions diverses; le mauvais lit dans lequel il avait essayé de prendre du repos avait ajouté à sa fatigue, au lieu de la lui enlever; cependant il avait vite oublié le mauvais lit; les vents coulis de la chambre l'avaient trouvé à peu près indifférent; — mais le dîner qu'il venait de faire l'avait exaspéré, et il se demandait s'il ne serait pas prudent à lui de retourner au plus vite dans sa bonne ville de Chartres, où, si grands que fussent ses ennuis, il avait au moins la ressource d'un dîner passable et la société, si douce à son cœur, de Thérèse.

Puisque le baron, puisque Gratien refusaient tous les deux de faire ce qu'il était venu leur demander, dans quel but prolongerait-il désormais son voyage à Paris ?

Le chevalier traversait la foule qui, entre sept et huit heures, encombre le boulevard des Italiens, en s'adressant à lui-même ces réflexions, et il les accompagnait de gestes qui lui attirèrent plus d'une imprécation de la part des gens que, dans sa distraction, il heurtait en passant, imprécations auxquelles le digne chevalier ne prenait pas même la peine de répondre.

Enfin, l'affluence devenant de plus en plus considérable, M. de la Graverie fut pris d'une de ces colères assez habituelles aux provinciaux lorsqu'ils ont à fendre les flots pressés de la badauderie parisienne, et, tournant les talons à toute cette cohue, il prit son parti, décida qu'il regagnerait Chartres, et chercha à regagner d'abord son hôtel, qui lui semblait une étape indispensable de son voyage.

— Oui, grommelait-il entre ses dents, je te quitte à jamais, ville maudite et gangrenée ! je vais m'enfermer dans ma maison, près de ma pauvre Thérèse, qui sera ma fille adoptive, puisque je ne puis arriver ni à en faire ma femme, ni à en faire ma fille véritable, et je jure que, dussé-je manger la moitié de mon bien en procès, je lui laisserai, malgré mon frère, assez de fortune pour vivre à l'aise lorsque je n'y serai plus. Sois tranquille, va, Dumesnil !

Jusque-là, le chevalier avait gesticulé de la main gauche ; la droite, qui tenait la laisse de Black, était restée plongée dans la poche de son pantalon ; mais, cette fois, emporté par la chaleur de son mouvement oratoire, ce fut la main droite qu'il éleva en l'air, comme pour prendre le ciel à témoin du serment qu'il faisait en même temps à lui-même et à son ami.

A sa grande surprise, il s'aperçut alors qu'il n'avait plus rien au bout de la tresse de cuir qui s'agitait à son poignet.

Le chevalier se retourna.

Black n'était ni à ses côtés, ni derrière lui !

Il s'approcha d'un bec de gaz, regarda la laisse avec attention. Elle avait été fort proprement coupée d'un instrument tranchant.

On lui avait volé son chien.

Le premier mouvement du chevalier fut de courir et d'appeler Black.

Mais où courir ? de quel côté appeler ?

Puis, en appelant, comment faire dominer à sa

voix le bruit assourdissant des voitures et le sourd murmure de cette multitude?

M. de la Graverie se mit à interroger les passants.

Les uns répondirent à ses questions, faites d'une voix émue et tout entrecoupée, en haussant les épaules; d'autres lui répondirent qu'ils ne savaient pas. Un homme en blouse lui assura avoir vu un individu conduisant un chien à l'aide d'un mouchoir passé dans le collier; l'individu entraînait le chien du côté de la rue Vivienne; le chien se défendait et ce n'était qu'à grand'peine que ce personnage s'en faisait suivre en le tirant après lui.

Le chien, au reste, ressemblait trait pour trait au signalement que le chevalier donnait de son épagneul.

— Vite à la rue Vivienne! dit le chevalier en se dirigeant du côté indiqué.

— Oh! il a de l'avance sur vous, et je doute que vous le rattrapiez, mon brave monsieur; si, comme je n'en doute pas, votre animal a été dérobé par un de ces gaillards qui font commerce et de les voler et de les revendre, l'objet est déjà en lieu de sûreté.

— Mais où le rejoindre? Comment le retrouver?

— Il faut d'abord faire votre déclaration au commissaire.

— Bien ; après ?

— Le faire afficher, promettre une récompense.

— Tout ce que l'on voudra, pourvu que je retrouve mon chien.

— Allons, voyons, fit l'homme, qui s'attendrissait à la douleur du chevalier, il ne faut pas vous désoler comme cela ; vous la retrouverez, votre bête, et, si ce n'est pas la même, c'en sera une autre. Moi, je vous promets une chose, c'est que, pour peu que la récompense soit gentille, demain matin, avant votre déjeuner, deux chiens semblables au vôtre auront déjà sonné à votre porte.

— Mais c'est mon chien, c'est mon chien qu'il me faut, et pas un autre ! s'écria le chevalier. Vous ne savez pas, mon brave homme, combien je tiens à mon chien... Ah ! si je le perdais une seconde fois, mon pauvre Dumesnil, je crois que j'en mourrais !

— Dumesnil ! votre chien s'appelle Dumesnil ? En voilà un drôle de nom de chien ! on dirait un nom d'homme. Voyons, rassurez-vous : Paris est grand ; mais j'en connais les malices. Avez-vous confiance en moi ?

— Oui, mon ami, oui, s'écria le chevalier.

— Eh bien, je m'en charge, moi, de votre caniche. C'est aujourd'hui vendredi ; eh bien, dimanche, avant midi, je me charge de l'avoir réintégré au bout de votre ficelle, M. Dumesnil ; seulement, quand vous vous promènerez encore avec lui dans Paris, mettez-lui une chaîne : c'est plus lourd, mais c'est plus sûr.

— Si vous faites cela, si par vous je retrouve Black...

— Qu'est-ce que c'est que cela, Black?

— Mais c'est mon chien.

— Voyons, faudrait s'entendre : comment s'appelle-t-il, votre chien ? est-ce Dumesnil ? est-ce Black?

— C'est Black, mon ami, c'est Black ; seulement, pour moi, mais pour moi seul, il est tantôt Dumesnil et tantôt Black.

— Bon ! je comprends : il a un nom de famille et un nom de baptême.

— Eh bien, reprit le chevalier, tenant à compléter son offre, si vous me le retrouvez, je vous donnerai tout ce que vous me demanderez, mon brave homme. Cinq cents francs, trouvez-vous que ce soit assez?

— Allons, allons, je ne suis pas un flibustier du genre de ceux qui vous ont volé votre chien, mon cher monsieur. Vous me payerez mon temps et mes peines ; car, tandis que je courrai après votre chien et que mes jambes travailleront, mes bras resteront à ne rien faire, et ce sont mes bras qui me font vivre. Le prix de mon temps, c'est tout ce que je veux : je vous oblige pour vous obliger. Ça m'a fait du mal, à moi, de vous voir tant de chagrin pour un chien perdu : cela prouve un bon cœur, et j'aime les bons cœurs, moi. Ainsi ne parlons plus de récompense ; nous compterons quand l'animal sera retrouvé.

— Mais vous allez avoir besoin, mon ami, de prendre des voitures, de payer l'afficheur, l'imprimeur, le marchand de papier ; attendez que je vous fasse au moins une avance.

— L'afficheur ! l'imprimeur ! le marchand de papier ! Ah bien, oui ! je vous disais cela tout à l'heure parce que nous n'étions pas encore des connaissances ; mais tout cela, c'est des attrape-nigauds et nous nous en passerons.

— Mais cependant, mon ami...

— Laissez faire Pierre Marteau, mon vieux brave, laissez-le faire ! c'est lui qui vous le dit. Ne donnons l'éveil à personne ; soyons muets comme le barbillon sous la pierre, et je vous réitère que, dimanche, pas plus tard que dimanche, vous aurez votre épagneul.

— Oh ! mon Dieu, soupira le chevalier, dimanche, c'est bien tard ! pourvu qu'on lui donne à manger d'ici-là !

— Ah ! dame, je ne vous dis pas qu'il aura où

BIBLIOTHÈQUE IMPÉRIALE IMPR.

il est une cuisine aussi grasse que dans votre hôtel ; mais un chien, c'est un chien, au bout du compte, et il y a tant de gens qui mangent des croûtes, qu'il ne faut pas trop plaindre un quadrupède qui a des pommes de terre.

— Quand nous reverrons-nous, mon brave homme?

— Demain ; car, cette nuit, je vais battre tous les cabarets où se rassemblent les écumeurs de boulevard ; peut-être, par ce moyen, aurai-je des nouvelles de votre bête avant dimanche. Vous, mon cher monsieur, vous m'avez l'air fatigué ; vous allez vous coucher et vous tenir bien tranquille. Où demeurez-vous?

— A l'hôtel de Londres, rue de Rivoli.

— Rue de Rivoli, on connaît l'endroit, quoiqu'on ne le hante guère. Voulez-vous que je vous reconduise ; car vous m'avez l'air de chercher votre chemin comme une bécasse au milieu du brouillard. Voyons, venez par ici.

Le chevalier, obéissant comme un enfant, suivit Pierre Marteau, et, chemin faisant, lui renouvela dix fois ses recommandations à l'endroit de Black.

Arrivé à la porte de l'hôtel, il réussit à lui faire accepter une pièce de vingt francs pour faciliter les recherches ; enfin, il lui donna rendez-vous pour le lendemain et rentra tout triste dans sa chambre.

Il s'assit sur les coussins où Black avait dormi la nuit précédente, et, bien qu'il n'y eût pas de feu dans la cheminée, il resta là pendant plus d'une heure abîmé dans ses réflexions.

Ces réflexions étaient du genre sombre, et plus le chevalier s'y enfonçait, plus elles devenaient lugubres.

Depuis que Dieudonné s'était attaché à quelque chose, il avait marché de chagrins en chagrins, de déceptions en déceptions ; il n'osait récapituler toutes les méchantes aventures que lui avait déjà values Black, et, lorsqu'il songeait à la jeune maîtresse du pauvre chien, l'addition de ses douleurs présentait un total bien autrement formidable ! et cependant, chose étrange ! ces angoisses, il les aimait ; ces afflictions, elles lui étaient douces ; ces peines qu'il endurait pour les deux êtres qu'il aimait, elles lui étaient si chères, que, tout en les maudissant, il ne lui vint pas à l'idée de regretter le temps où, libre de soucis et d'appréhensions d'aucune sorte, il vivait tout entier absorbé par le travail de la digestion ou par l'étude de la science de Carême.

Il se coucha enfin, soupira en regardant cette chambre qui lui semblait dix fois plus vide et plus triste que la veille, et s'endormit en rêvant qu'il apercevait, comme il l'avait vue, quelques heures auparavant, la silhouette noire de son épagneul se détachant devant les lueurs embrasées du foyer.

Hélas! c'était un rêve! il n'y avait plus dans la chambre ni foyer ni épagneul.

Son esprit était si ébranlé, son corps si fatigué par les secousses qu'il avait subies depuis vingt-quatre heures, qu'il finit par s'endormir profondément.

Il pouvait être dix heures du matin lorsqu'un bruit de souliers ferrés le réveilla.

Il ouvrit les yeux et aperçut, debout au pied de son lit, l'homme qui, la veille au soir, lui avait promis de lui faire retrouver Black.

Par malheur, Pierre Marteau ne lui apportait encore que des espérances, et des espérances bien creuses.

Il avait inutilement exploré tout le quartier Saint-Marceau qu'habitent ordinairement les gens qui font le commerce des chiens de hasard.

Il n'avait rien découvert.

Cependant, il était loin de se rebuter, et, sans vouloir s'expliquer, il continuait de promettre au chevalier que, le lendemain dimanche, il le remettrait en possession de son épagneul.

Le chevalier le congédia.

Puis il se demanda avec un soupir comment il allait employer sa journée.

Il lui était impossible de songer à retourner à Chartres avant d'avoir retrouvé son chien.

Il écrivit à Thérèse, qui devait être fort inquiète de lui, de prendre, le lendemain dimanche, la diligence ou la malle-poste et de le venir rejoindre hôtel de Londres, rue de Rivoli ; — puis à son notaire, de lui envoyer de l'argent.

Enfin, comme il ne pouvait raisonnablement passer sa journée entière dans sa chambre, il s'habilla et se décida à sortir pour tuer le temps en flânerie semblable à celle de la veille.

Au moment où il prenait son chapeau, qu'il avait déposé sur une chaise, il aperçut dans un coin la petite valise qu'il avait emportée par mégarde en quittant l'hôtel des Postes.

— Tiens, se dit-il, voici l'emploi de ma journée tout trouvé : je vais rendre cette malle à son propriétaire, et qui sait... son ami Louville n'étant plus auprès de lui, peut-être me sera-t-il donné de lui faire comprendre l'indignité de sa conduite.

Sur ce, M. de la Graverie fit approcher un fiacre, y monta avec la valise et dit au cocher :

— Rue du faubourg Saint-Honoré, n° 42.

VII

— La différence qu'il y a entre une tête qui a des favoris et une tête qui a des moustaches. —

C'était un hôtel très-somptueux que l'hôtel d'Elbène ; un hôtel bâti tout récemment par un architecte à la mode, et décoré à l'intérieur d'une profusion de statues et de sculptures qui n'étaient peut-être pas du meilleur goût, mais qui donnaient une haute idée de l'opulence de son propriétaire.

Deux colonnes d'ordre corinthien encadraient une porte cochère de bois de chêne, toute fouillée d'arabesques et de cannelures ; cette porte s'ouvrait sur un passage vitré et pavé en bois afin d'étouffer le bruit des voitures.

Au fond du passage était la cour, dans laquelle on apercevait les écuries et les remises ; plus loin encore, un jardin donnant sur les Champs-Élysées.

Au premier plan du passage, à droite, était la loge du concierge ; à gauche, et fermé par un vitrage en verres de couleurs, la cage d'un escalier somptueux par lequel on montait aux appartements : un moelleux tapis couvrait les marches.

Le chevalier de la Graverie descendit de son fiacre, et, s'arrêtant devant la loge du concierge :

— M. d'Elbène? demanda-t-il.

— Est-ce au père ou au fils que monsieur désirerait parler? répondit le serviteur.

— Au fils, mon ami.

Le concierge frappa trois coups sur un timbre; un valet de pied descendit l'escalier et se présenta à la porte vitrée.

— Quelqu'un pour M. le baron, fit le concierge.

Le valet de pied montra le chemin à M. de la Graverie, et l'introduisit, à l'entre-sol, dans un élégant appartement dont il lui ouvrit le salon.

Là, il le pria d'attendre quelques instants, tandis qu'il irait prévenir son maître.

Le chevalier, en homme qui sait mettre le temps à profit, commença par se chauffer les pieds, que sa course en fiacre avait singulièrement refroidis; puis, lorsqu'il fut installé au coin du feu, les talons sur les chenets, il jeta un coup d'œil autour de lui.

M. de la Graverie, élevé dans le monde, ne pouvait être surpris du luxe de l'appartement dans lequel il se trouvait, bien que les raffinements de ce luxe tendants surtout au confortable fussent tout à fait nouveaux pour un homme de cette époque, mais ce qui le frappa, ce qui arrêta ses regards, ce qui lui parut étrange, ce fut le choix des brochures qui encombraient une table placée à sa portée; brochures qui lui semblèrent médiocrement se rapprocher du caractère de Gratien, dont il avait pu, dans une courte mais sérieuse conversation, apprécier l'insouciance et la légèreté.

Ces brochures traitaient toutes, soit d'économie politique, soit de philosophie supérieure, soit de science sociale.

Elles n'étaient point là pour la parade.

Toutes étaient coupées; plusieurs d'entre elles étaient froissées par un usage quotidien; enfin, sur la marge de quelques-unes, M. de la Graverie aperçut des notes qu'il lut et qui lui parurent bien profondes pour être sorties de la tête et avoir été tracées par le crayon d'un jeune officier de cavalerie.

— Ce diable de domestique se sera trompé, murmura M. de la Graverie, et, au lieu de m'introduire dans les appartements du fils, il m'aura introduit dans ceux du père. Faut-il profiter du hasard et exposer à celui-ci la situation? C'est dangereux; car. enfin, je ne puis rien prouver à l'endroit de Thérèse. Thérèse n'a pas de nom, et, si mon frère tient bon, peut-être me sera-t-il malaisé de donner ma fortune à la pauvre enfant; donc, tout dire au papa serait peut-être ajouter encore des difficultés à celles devant lesquelles je suis déjà si embarrassé.

M. de la Graverie en était là de ses réflexions, lorsqu'une portière se souleva et donna passage à un jeune homme qui s'avança vers lui, sans qu'il fût entendu par le chevalier, l'épaisseur du tapis amortissant le bruit des pas.

— Vous désirez me parler, monsieur? dit le jeune homme.

M. de la Graverie se dressa dans le fauteuil où il se prélassait, beaucoup plus par l'effet de la surprise qu'il éprouvait que par politesse.

En effet, c'était bien Gratien d'Elbène qu'il avait devant les yeux; c'était bien son visage, sa taille, sa tournure, sa physionomie, le ton de sa voix; cependant, il y avait dans la figure du nouveau venu quelque chose que le chevalier se rappelait parfaitement n'avoir pas vu sur celle de l'officier et qui le frappa tout de suite.

Ce quelque chose, c'était une paire de favoris noirs encadrant parfaitement le visage du jeune homme, qui, sur tout le reste du visage, portait la barbe complétement rasée.

Depuis la veille, les moustaches et la royale pouvaient avoir disparu; mais les favoris ne pouvaient pas avoir poussé.

— C'est *cependant* bien à M. Gratien d'Elbène que j'ai l'honneur de parler, demanda le chevalier intimidé par cet accident imprévu.

Le chevalier, comme on sait, s'intimidait facilement.

Le jeune homme sourit; le mot *cependant* lui expliquait tout.

— Non, monsieur, répondit-il, je suis Henri d'Elbène; mon frère Gratien est sorti : il est allé déjeuner avec quelques camarades de garnison. Mais, si je puis être votre interprète auprès de lui, disposez de moi, monsieur.

— Henri ! ah ! vous êtes Henri d'Elbène ! s'écria le chevalier en proie à une émotion visible; car il avait devant les yeux l'homme que Thérèse avait tant aimé, le seul qu'elle eût jamais aimé, et il comprenait combien facilement la jeune fille avait pu être la dupe de cette extraordinaire ressemblance.

— Oui, monsieur, répondit le jeune homme en souriant. Gratien vous aura sans doute parlé de moi, et, malgré ce qu'il vous aura dit, vous êtes étonné comme tout le monde de notre ressemblance. On se ressemblerait de plus loin : nous sommes jumeaux.

— Je comprends, dit le chevalier; mais pardonnez à mon émotion... Cette ressemblance que j'avais oubliée, quoi qu'on m'en eût dit, a éveillé chez moi le souvenir d'une aventure qui a si cruellement pesé sur ma vie, que je n'y puis songer sans me trouver à l'instant même fortement impressionné.

— En effet, monsieur, vous êtes tout tremblant. Remettez-vous, je vous en prie, et demeurez assis.

Henri prit lui-même un siége et se plaça de l'autre côté de la cheminée.

— Dans quelques instants, reprit-il, vous me direz ce qui vous amène.

— Il n'est pas besoin d'attendre quelques instants pour cela ; et, tenez, monsieur, puisque je ne trouve pas votre frère, dit résolûment le chevalier, qui se sentait enhardi par l'air de douceur et de bonté répandu sur le visage du jeune homme, eh bien, j'ai envie de vous raconter mon histoire. Je suis un pauvre vieillard isolé, sans parents, sans amis ; vous avez l'air grave et réfléchi, plus qu'on ne l'est ordinairement à votre âge...

— J'ai souffert, monsieur, interrompit Henri avec une expression de physionomie qui avait l'intention d'être un sourire ; j'ai donc acquis, à mes dépens, l'expérience du cœur, celle qui vieillit le plus vite ses privilégiés, celle aussi dont on profite le moins.

— Eh bien, continua le chevalier, tout jeune que vous êtes d'âge, du moins, monsieur, peut-être pourrez-vous me donner un conseil. A mon âge, à moi, l'esprit est paresseux et la volonté lente à prendre un parti; d'ailleurs, je vous avouerai franchement que j'ai toujours été un caractère fort irrésolu.

— Parlez donc, monsieur, dit le jeune homme, et, quoique je ne puisse penser que mon avis doive vous être de quelque utilité, croyez que ma sympathie vous est tout acquise et que ce ne sera pas ma faute si elle reste stérile.

Le chevalier se recueillit un instant; puis, regardant fixement son interlocuteur :

— Que penseriez-vous, monsieur, lui dit-il, de l'homme qui, abusant d'une ressemblance aussi singulière que celle qui existe entre vous et monsieur votre frère, et, à l'aide d'un déguisement, de l'obscurité ou de tout autre moyen, tromperait une malheureuse jeune fille, et, se faisant passer pour celui qu'elle aime, profiterait de la méprise pour la déshonorer et l'abandonner ensuite à son désespoir?

— A mon avis, monsieur, cet homme, s'il pouvait exister, serait un misérable, digne de la réprobation de tous les honnêtes gens.

— Et si cette jeune fille, à la suite de ce crime, était devenue mère?

— Monsieur, ce sont là, par malheur, de ces

crimes qui ne tombent sous le coup d'aucune loi ; mais je vous déclare ici, sur ma foi de gentilhomme, que j'aimerais cent fois mieux presser la main du bandit qui, le poignard à la ceinture, le pistolet au poing, escalade une maison, vole en hasardant sa liberté, tue en risquant sa vie, que de me trouver en contact avec l'homme sans cœur, sans foi, sans honneur, qui a pu commettre une action semblable à celle dont vous parlez.

— Eh bien, monsieur, dit le chevalier, cette histoire est la mienne ; l'enfant séduite, une enfant si tendre, si douce et si bonne, qu'on ne peut la voir sans l'aimer, c'est ma fille, monsieur.

— Votre fille ?

— Ma fille adoptive, du moins.

— Et vous n'avez pas exercé de justes représailles ? vous n'avez pas tué l'homme qui a porté le déshonneur dans votre maison ?

— Je vous l'ai dit, monsieur, je suis presque un vieillard ; j'ai plus de cinquante ans, je suis faible ; ma main débile a à peine la force de supporter le poids d'une épée ou d'un pistolet...

— Dieu vous eût donné la force, monsieur ; car Dieu eût été pour vous ! s'écria Henri avec une exaltation communicative. Dieu est avec le père qui venge l'honneur de son enfant ; il donne le courage au passereau qui défend ses petits contre l'oiseau de proie; pourrait-il manquer à l'homme qui accomplit sa mission dans ce qu'elle a de plus saint et de plus sacré?

— Mais le duel est réprouvé par toutes les lois divines et humaines.

— Le duel, monsieur, — et c'est un malheur, mais ce malheur, il faut l'accepter, — le duel restera la loi de Dieu tant que la société ne sera point assise sur d'autres bases, tant que la justice humaine n'ira pas chercher dans le cœur de chacun le mal pour l'extirper, le bien pour le récompenser; le duel, enfin, sera nécessaire tant que le monde social trouvera juste et quelquefois plaisant que l'homme attente à la vertu de la jeune fille et à l'honneur de l'épouse.

— Ainsi, monsieur, si le coupable s'obstine à refuser à la jeune fille la réparation qui lui est due, vous me conseillez de me battre avec lui?

— Sur mon âme et ma conscience, monsieur, répondit Henri, je vous le conseille.

— Alors, monsieur, je dois vous l'avouer, reprit M. de la Graverie, quoique, comme je vous l'ai dit tout à l'heure, mes habitudes soient pacifiques, quoique j'aie passé la meilleure partie de ma vie dans la seule préoccupation de mon bien-être, c'était aussi ce que je pensais, et je m'y fusse décidé si je n'avais été retenu par une crainte.

— Cette crainte, quelle est-elle?

— Je suis le seul appui de la pauvre enfant; quoi que vous en disiez, le ciel n'est pas toujours du côté du droit; le sort peut me trahir. Que deviendrait la pauvre fille, si je lui manquais?

— S'il en était ainsi, monsieur, répondit Henri avec simplicité, je tâcherais de vous remplacer près d'elle.

— Vous me le promettez, monsieur?

— Je vous le jure.

— Tenez, monsieur, dit le chevalier avec une exaltation qui était bien loin de ses habitudes, il y a tant de franchise, tant de noblesse, tant de loyauté dans votre regard, que je veux vous croire, et je me décide... Eh bien, oui, je le jure à mon tour, le coupable sera puni. Mais je serai forcé de réclamer de votre obligeance un service de plus.

— Lequel, monsieur? Parlez.

— Je ne connais personne à Paris, et ne saurais à qui m'adresser, si vous me refusez ma demande. Je vous prierai de me servir de témoin.

— Volontiers, monsieur.

— Vous me jurez encore que, quel que soit mon adversaire et le mode de combat adopté, vous ne m'abandonnerez pas dans la mission providentielle que je vais remplir; car, vous devez vous en apercevoir, monsieur, je suis fort inexpérimenté dans ces sortes de choses, et, puisque vous avez été assez bon pour m'éclairer de vos conseils, je veux espérer que votre présence ne me fera pas défaut au moment décisif.

— Vous avez ma parole sur ce point comme sur les autres, monsieur. Mais pardon, j'ai à mon tour un détail assez important à vous demander. Vous êtes ami de mon frère, à ce qu'il paraît ; mais moi, je n'ai pas l'honneur de vous connaître. Serez-vous assez bon pour me donner votre nom et me laisser votre adresse ?

— Je m'appelle M. de la Graverie ; je suis chevalier de Saint-Louis, comme vous voyez ; je demeure habituellement à Chartres, mais, pour le moment, rue de Rivoli, hôtel de Londres.

— Cela suffit, monsieur ; lorsque vous aurez besoin de moi, dites un mot, et je suis tout à vous.

— Je vous remercie, et vous prie de me garder le secret sur tout ceci.

— Je vous en donne ma parole. Mais, à propos, vous ne m'avez point encore parlé, monsieur, de ce qui vous amenait chez mon frère. Ne voulez-vous point me charger de le lui dire ?

— Cela n'a aucune importance, monsieur. Je venais simplement lui remettre cette valise qu'il a oubliée hier dans la malle-poste et que mon cocher a emportée par mégarde.

Le chevalier se leva.

— Je vous remercie pour Gratien, dit le jeune homme. Adieu, monsieur, et croyez que mes vœux vous suivront dans la mission que vous allez remplir.

Henri insista pour reconduire le chevalier jusqu'à la porte cochère, et lui donna une dernière poignée de main lorsqu'il l'eut installé dans son fiacre.

Le cœur de M. de la Graverie battait très-fort; son émotion était vive et profonde; il sentait de temps en temps un frisson courir sous sa peau, un nuage passer sur ses yeux, et ses cheveux se dresser sur sa tête.

Un premier duel à cinquante ans ne pouvait pas produire, on en conviendra, un moindre effet.

— Ah! si Dumesnil était là! murmura le chevalier en soupirant; lui qui allait se battre comme, moi, je vais déjeuner, qui maniait l'épée et le pistolet comme je manie ma fourchette. Mais, par malheur, il n'est plus là, et ce n'est pas Black qui pourrait se mesurer avec Gratien : depuis le chien de Montargis, cela ne s'est pas revu; d'ailleurs, Black lui-même court les champs.

— Où va monsieur? demanda le cocher.

— Ah! oui, où je vais... C'est vrai... Je ne sais pas.

— Comment! monsieur ne sait pas où il va?

— Non... Priez le concierge de venir me parler.

Le concierge, prévenu par le cocher, s'approcha respectueusement. Il avait vu M. Henri conduire le visiteur jusqu'au fiacre.

— Mon ami, demanda le chevalier, savez-vous où je trouverai à cette heure M. Gratien d'Elbène?

— Vous le trouverez, monsieur, à l'estaminet Hollandais, dont il ne quitte jamais les divans tant qu'il est en congé.

— Alors, cocher, à l'estaminet Hollandais, cria le chevalier d'un ton que n'eût pas trop désavoué feu Dumesnil, et rondement! Il y aura pour boire.

VIII

— Où l'on voit que les pékins ont quelquefois la bavaroise querelleuse. —

L'estaminet Hollandais était, à cette époque, le rendez-vous général des officiers en congé.

Tout ce qui portait une épaulette, depuis celle de sous-lieutenant jusqu'à celle de colonel inclusivement, se rencontrait sous les lambris bronzés de l'établissement bachique.

Tous les rendez-vous militaires se donnaient là, comme les rendez-vous des comédiens se donnaient dans le jardin du Palais-Royal.

Un officier quittant son camp pour passer en Algérie, disait à ceux de ses camarades qu'il laissait en France :

— A mon prochain semestre, dans deux ans, nous nous retrouverons à l'estaminet Hollandais.

Et, à moins que les balles des Kabyles ou la dyssenterie n'en eussent décidé autrement, il était rare qu'il manquât au rendez-vous pris.

Et, cependant, malgré sa destination toute militaire, l'estaminet Hollandais avait un caractère tout à fait bourgeois.

A l'exception de ceux des élèves des écoles polytechnique et de Saint-Cyr qui vont à l'estaminet Hollandais par genre, on n'y apercevait ni shako, ni pantalon garance, ni uniforme.

Le militaire, quoiqu'il affecte un grand mépris pour le pékin, aime singulièrement l'habit bourgeois ; — probablement par la seule raison que c'est chez lui une passion malheureuse.

En effet, tel charmant officier qui mérite toutes les épithètes de distinction et d'élégance lorsqu'il est orné de son dolman ou de sa tunique, ne paraît plus qu'un homme ordinaire, souvent plus qu'ordinaire, quand il a revêtu la classique redingote, et échangé son coquet colback ou son casque étincelant contre le vulgaire gibus.

Rappelez-vous ce qu'étaient autrefois les Turcs, et ce qu'ils sont depuis que, suivant la loi du progrès, Mahmoud leur a imposé la redingote bleue et la calotte rouge.

Puis — et ceci est la circonstance atténuante — l'officier, qui a peu d'occasions d'user ses habits de ville, les conserve avec ce soin religieux que le militaire accorde à *son bazar;* de sorte qu'il leur fait dépasser les bornes de l'usage ordinaire des paletots et des redingotes, et il en résulte que, lorsqu'il les exhume, il a tout à fait l'air d'une vieille gravure de mode qui se promène.

Si l'on rencontrait peu d'uniformes à l'estaminet Hollandais, en revanche on y voyait, à chaque table, force redingotes d'une coupe tout à fait originale, pas mal de cols-cravates impossibles, et pas mal de ces pantalons à la cosaque que la mode avait, dès cette époque sagement répudiés. Il était, en un mot, facile pour tout le monde de reconnaître que cet établissement était entièrement garni d'officiers plus ou moins déguisés en bourgeois.

Une épaisse fumée de tabac remplissait l'atmosphère, surchargée encore par les vapeurs qui s'exhalaient de quantité de bols de punch, consommation ordinaire des habitués.

Cinq ou six de ces derniers qu'aux éperons qu'ils avaient conservé à leurs bottes, on reconnaissait pour des officiers de cavalerie, se tenaient dans l'angle de droite, du côté du jardin.

Ils avaient déjeuné au café et copieusement déjeuné, si l'on en jugeait par l'animation que leur conversation avait prise.

Comme toujours, ces messieurs ressassaient, sans l'épuiser jamais, le texte de leurs entretiens favoris : le mérite des diverses garnisons et la comparaison de ces garnisons entre elles.

— Ah ! messieurs, disait notre ancienne connaissance le lieutenant Louville, que nous retrouvons au milieu de ce groupe, vive Tours en Touraine ! jardin de la France d'abord, comme disent ces idiots de poëtes, mais, à tout prendre, jolie ville ! des pruneaux excellents, un spectacle passable, des grisettes charmantes. Tours est la perle des garnisons !

— Ma foi, mon cher, répliqua un officier ventru, à la figure enluminée, aux moustaches grises et taillées en brosse, j'ai *fait* Tours ; j'y suis resté deux ans, et je vous jure que Tours ne vaut pas mieux que les autres garnisons.

— Bon ! et pourquoi prétendez-vous cela, capitaine ?

— Parce que j'affirme que, les deux premiers

mois écoulés, on s'ennuie dans les unes comme dans les autres.

— J'aimais assez le Nord, reprit un troisième interlocuteur; nous avions là du tabac de contrebande excellent à fumer et, ma foi, pas cher.

— Et Pontivy donc, messieurs! s'écria un quatrième; une pension parfaite, à quarante-cinq francs par mois.

— Et toi, Gratien, ton avis? dit Louville.

— Mon avis, répondit Gratien, c'est que plus je vais, plus je reconnais que, de toutes les garnisons par lesquelles nous avons passé, il n'en est pas une seule qui soit supportable; ce qui m'encourage énormément à me tenir la promesse que je me suis faite à moi-même, de donner ma démission, afin de ne plus sortir de la seule bonne et de la seule charmante ville de garnison qui existe, c'est-à-dire de Paris.

— Oui, dit Louville, cette prédilection se comprend, en effet, lorsqu'on possède un père qui, comme le tien, est plusieurs fois millionnaire; et encore, je doute que, malgré tous ses millions, malgré tous les plaisirs de Paris, tu oublies les heures heureuses que tu as eues au régiment.

— Où, et lesquelles? demanda Gratien.

— Ingrat! partout et toujours! Tiens, sans aller plus loin, dans cette épouvantable ville de

Chartres (*Autricum, Carnutum*) n'as-tu pas eu, en la personne de cette petite Thérèse, la plus délicieuse des aventures, une véritable aventure de Lovelace, coquin ?

— Voyons, Louville, dit Gratien visiblement affecté, ne me parle pas de cela... je t'assure que ce souvenir m'est, au contraire, parfaitement désagréable.

— Pourquoi ? à cause de ce vieux fou qui, sous prétexte que tu avais eu les prémices du cœur de la jeune fille, voulait te forcer, toi, le baron Gratien d'Elbène, à épouser une grisette sans le sou ? Ah ! il était vraiment amusant, le bonhomme ! je l'ai bien roulé pour mon compte, surtout après que tu eus quitté l'intérieur pour le cabriolet. — Mais, mille cigares ! s'écria Louville bondissant sur son tabouret, c'est lui... c'est lui-même qui entre... Ah ! nous allons nous amuser ! Regardez donc, messieurs, l'adorable tournure ! voyez donc avec quel air belliqueux notre voltigeur de Louis XV brandit son parapluie. — Eh ! monsieur !

— Pas de folie, Louville, dit l'officier ventru. Ce brave homme, ne l'oubliez pas, a deux titres à votre respect : son âge, qui est double du vôtre, et le ruban rouge qu'il porte à sa boutonnière.

— Bah ! la croix de Saint-Louis.

— C'est toujours le prix du sang, Louville, et ce

n'est pas à nous autres soldats à rire de qui la porte.

— Laissez-moi donc tranquille, capitaine ! Quelque émigré, quelque échappé de royal-cravate, qui aura gagné son ruban à faire le pied de grue dans les antichambres. Ma foi, je trouve trop bon d'en rire pour laisser échapper une si précieuse occasion.

Puis, s'adressant au chevalier de la Graverie, qui, les ayant reconnus, s'approchait de leur côté, et se levant pour faire un pas au-devant de lui :

— Enchanté, monsieur, de vous revoir, continua Louville. J'espère que la nuit d'avant-hier n'aura pas altéré votre santé et terni votre joyeuse humeur?

— Non, monsieur, dit le chevalier, le sourire sur les lèvres, comme vous voyez... A part un petit reste de courbature, je me porte parfaitement.

— Ah! tant mieux ! Vous ne refuserez donc pas de vous asseoir au milieu de nous, et de porter la santé de la charmante Thérèse, dont nous parlions justement à l'instant même où vous êtes entré.

— Comment donc, monsieur, répondit le chevalier avec son imperturbable sourire; c'est beaucoup d'honneur que vous me faites, et je n'aurai garde de refuser.

— Vous plairait-il un verre de ce punch? Il est excellent et tout à fait propre à chasser les vapeurs noires de l'esprit et le brouillard de l'estomac.

— Mille grâces, mon cher monsieur; mais, en homme pacifique et paisible, je crains essentiellement les alcools.

— Ils vous rendent féroces, peut-être?

— Justement.

— Allons, Gratien, soyez donc plus aimable avec monsieur le chevalier; car à votre ruban, monsieur, je ne crains pas de vous donner ce titre.

— En effet, monsieur Louville, il m'appartient deux fois : je suis chevalier de noblesse et chevalier... d'occasion.

— Eh bien, chevalier, il faut vous dire que votre ami Gratien est rêveur depuis deux jours. Je crois, moi, si vous voulez que je vous le dise, qu'il pense à la proposition de mariage que vous lui avez faite.

— Monsieur Gratien ferait à merveille d'y penser, répondit le chevalier avec une parfaite bonhomie.

— Oui, reprit Louville; mais il n'y a rien de pis qu'une pareille pensée pour alourdir l'esprit d'un brave garçon. Voyons, que désirez-vous prendre, chevalier? Un verre de limonade, une topette d'orgeat, une groseille? Ah! une bavaroise, peut-être?

— Précisément, monsieur, une bavaroise.

— Garçon! cria Louville, une bavaroise à monsieur... très-chaude et très-sucrée.

Puis, revenant au chevalier :

— Maintenant, monsieur, si toutefois ce n'est point indiscret de vous adresser une pareille demande, nous ferez-vous l'honneur de nous apprendre ce qui vous amène dans ce repaire que l'on nomme l'estaminet Hollandais. Ce ne sont point cependant vos galeries, je présume.

— Vous avez toujours raison monsieur, et j'admire, en vérité, la justesse de votre esprit.

— J'aime à voir que vous me rendiez justice.

— Je venais, monsieur, dans l'unique espoir de rencontrer M. Gratien, que je n'ai point trouvé chez lui.

— Ah! vous avez pris la peine de passer chez moi? demanda Gratien étonné.

— Oui, monsieur le baron, et c'est de votre concierge que j'ai appris que, si l'estaminet Hollandais n'était point mes galeries, il était les vôtres.

— Vraiment, interrompit Louville, vous veniez pour rencontrer Gratien? Cela prouve que vous n'avez pas renoncé à votre idée. Eh bien, tant mieux! j'aime les gens entêtés, moi, et, ma foi, je passerai à votre bord, tant est vive la sympathie que vous m'inspirez. Voyons, au point où nous en sommes, il ne peut plus être question que du contrat de mariage ; soit, discutons-en les conditions. — Gratien, à vous de parler le premier, mon ami. Que mettez-vous en avant? combien en terres? combien en rentes sur l'État? combien en obligations de chemins de fer? combien en papier Garat.

— Louville, répondit Gratien, je vous prierai très-sérieusement de ne point prolonger cette plaisanterie, qui n'a déjà que trop duré. J'ai fait connaître à monsieur ma résolution; insister est un manque de goût qui m'étonne chez un homme de l'âge et du monde dont est le chevalier ; d'un autre côté, railler comme vous le faites le sort d'une jeune fille qu'après tout je dois plaindre, serait de ma part un manque de délicatesse et de cœur. Réfléchissez à ce que je viens de dire, monsieur; réfléchissez-y, Louville, et j'espère que vous serez tous les deux de mon avis.

— Point, répliqua le chevalier de la Graverie. Je trouve, au contraire, moi, que M. Louville dit des choses fort sensées et tout à fait convenables ; de sorte qu'au lieu de lui en vouloir, je lui en sais un gré infini.

— La, tu vois, Gratien! Allons donc, parle et quitte cet air tragique, puisque monsieur — monsieur, qui est le champion de mademoiselle Thérèse — est le premier à t'y convier... Tu te tais?...

Tenez, monsieur le chevalier, si vous parliez d'abord, peut-être cela le mettrait-il en train. Commencez-donc, mon cher monsieur; exposez-nous les richesses de votre protégée, et faites grandement les choses; car je vous préviens que notre ami Gratien, tout sous-lieutenant que vous le savez, est riche, fort riche. Mais pardon, voici le garçon qui vous apporte la bavaroise demandée. Buvez, monsieur, buvez d'abord; cela donnera de la douceur à vos propositions.

Le chevalier écoutait en souriant ce flux de paroles. Il remua lentement avec sa cuiller le breuvage qu'on lui présentait, le porta à ses lèvres, l'avala gravement, reposa le verre sur la table, s'essuya soigneusement la bouche avec un mouchoir de batiste, et, se tournant du côté de Gratien :

— Monsieur, dit-il, j'ai réfléchi à la proposition que j'avais cru devoir vous faire avant-hier, et j'ai pensé qu'il serait ridicule à moi de mettre un prix à l'action juste, loyale et toute naturelle en face de laquelle je plaçais votre conscience.

— Rien de si simple, pardieu! interrompit Louville.

— Doter Thérèse — et remarquez que je le puis, continua le chevalier, ce serait faire injure à votre délicatesse, et je ne serais pas étonné si la proposition que je vous en ai faite avait été la seule cause du refus par lequel vous avez répondu à mes avances. Aujourd'hui, monsieur, je viens vous dire, au contraire : Thérèse n'a pas de nom, Thérèse est sans fortune; mais vous l'avez déshonorée... Vous l'avez déshonorée, non pas en suivant la pente d'un mutuel entraînement, mais en appelant à votre aide le plus odieux, le plus lâche des subterfuges! vous ne pouvez donc hésiter à obéir à la voix impérieuse du devoir.

— Bravo! voilà des arguments irrésistibles. Allons, à toi la parole, Gratien; plaide ta cause : elle n'est pas bonne, je t'en préviens. Figure-toi donc que tu es devant le jury et que je suis ton président.

— Ma réponse sera courte, cher ami, dit Gratien avec une certaine dignité. Je dirai à M. le chevalier...

Le jeune homme s'inclina légèrement.

— Je lui dirai que ses injures trouveront ma détermination aussi inébranlable que ses promesses. Que mademoiselle Thérèse soit riche, qu'elle soit pauvre, peu m'importe, et j'ajouterai qu'il est fort heureux pour lui que sa tête soit blanche; car, sans cela, je me croirais obligé de répondre tout autrement à certaine partie de son discours.

— Mon Dieu, ne vous gênez pas, mon cher monsieur, dit tranquillement le chevalier. Que ma tète soit blanche ou grise, peu vous importe, pourvu qu'elle consente à se placer au bout de votre pistolet ou à la pointe de votre épée.

— Ah çà ! mais sais-tu, Gratien, qu'il devient provocateur, le bonhomme?

— Cela vous étonne, mon cher monsieur Louville? dit le chevalier avec son air placide. Supposeriez-vous, par hasard, que le courage n'est que de l'étourderie.

— Alors, c'est autre chose, dit Gratien.

Le chevalier se retourna de son côté le sourire toujours sur les lèvres.

— C'est, continua le jeune homme, avec l'intention bien positive de m'offenser que vous avez prononcé les paroles de tout à l'heure?

— Je ne me suis pas inquiété si elles pouvaient ou non vous offenser, monsieur, dit le chevalier; je les ai dites parce qu'elles caractérisaient parfaitement votre conduite, voilà tout.

— En un mot, monsieur, vous êtes venu ici, à l'estaminet Hollandais, aujourd'hui samedi, avec l'intention de me dire, en présence de mes camarades : « Épousez mademoiselle Thérèse, ou vous aurez affaire à moi ! »

— Précisément, monsieur le baron.

Puis, frappant sur son verre avec la cuiller :

— Garçon, dit-il, une seconde bavaroise.

— Mais non! s'écria Gratien.

— Quoi, non?

— Un duel avec vous, ce serait trop ridicule.

— Ah! vous trouvez?

— Oui.

— Vous trouvez qu'il serait ridicule de tuer un bonhomme qui, en somme, peut très-bien vous fourrer un coup d'épée dans la poitrine ou vous loger une balle dans la tête; et il ne vous semble pas comme à moi lâche et infâme d'employer un dégoûtant subterfuge pour ravir plus que la vie, — la seule chose que je risque en me battant avec vous, — pour ravir l'honneur à une jeune fille sans défense? En vérité, vous manquez de logique, monsieur Gratien. — Merci, garçon.

Ces dernières paroles étaient adressées, en effet, au garçon, qui déposait devant le chevalier sa seconde bavaroise.

— Eh bien, soit, dit Gratien après avoir réfléchi un instant, et plus exaspéré peut-être de la tranquillité du chevalier que des injures que celui-ci lui avait dites; soit, puisque vous le voulez absolument...

— Vous épouserez Thérèse?

— Non pas, monsieur; mais je vous tuerai.

— Oh ! ceci, monsieur, dit le chevalier en versant sa bavaroise de la carafe dans son verre, sans que sa main dénonçât la moindre agitation fébrile, ceci, c'est une question. Attendons à demain pour la résoudre, jeune homme, et ne parlez pas au futur : qui parle au futur risque de se tromper. Ainsi, voilà qui est bien décidé, nous nous battrons.

— Oui, certes, nous nous battrons, répondit Gratien, les dents serrées par la colère, à moins que vous ne rétractiez les paroles que vous venez de prononcer.

Et, en effet, Gratien laissait cette dernière porte ouverte au chevalier, ne se décidant qu'à regret à ce duel, dont il comprenait le caractère odieux et ridicule.

— Rétracter? fit le chevalier en portant son verre à sa bouche et en humant lentement sa seconde bavaroise. Oh ! que vous ne me connaissez guère, mon cher monsieur Gratien ! Je suis long, très-long à me décider; mais, une fois mon parti pris, j'ai l'habitude d'imiter Guillaume le Conquérant et de brûler mes vaisseaux.

Et, en prononçant ces paroles, le chevalier lança au visage de Gratien ce qui restait de bavaroise dans son verre.

Le jeune officier voulut se précipiter sur le vieillard ; mais ses amis, Louville tout le premier, se cramponnèrent à lui et le retinrent.

— Vos témoins? vos témoins, monsieur? hurlait Gratien.

— Demain matin, ils iront s'entendre avec les vôtres, monsieur.

— Où cela?

— Voulez-vous prendre rendez-vous aux Tuileries, terrasse des Feuillants, en face de l'hôtel de Londres, où je loge... de midi à une heure, par exemple?

— Vos armes?

— Ah! monsieur, pour un militaire, vous ne connaissez pas les premières règles du duel. Mes armes, cela ne nous regarde ni vous ni moi : cela regarde nos témoins. Vous êtes insulté, faites vos conditions aux vôtres.

— Soit! Et vous, messieurs, je vous prends à témoins, s'écria Gratien, que, si un malheur arrive à ce vieillard, c'est qu'il l'aura voulu, c'est qu'il l'aura cherché. Que son sang, si son sang coule, retombe donc sur sa tête.

Et, en achevant ces paroles, le jeune officier, suivi de ses amis, sortit de l'estaminet.

Le chevalier, resté seul, chercha au fond de son verre une dernière goutte de bavaroise.

Puis il dit à demi-voix, en reprenant son parapluie dans l'angle de la fenêtre où il l'avait déposé en entrant :

— Mon Dieu, que je suis donc contrarié que cet imbécile de Black se soit laissé voler... Si Dumesnil eût pu me voir, il eût été content de moi !

IX

—Où le chevalier rencontre à la fois ce qu'il cherchait et ce qu'il ne cherchait pas. —

Le chevalier de la Graverie sortit de l'estaminet Hollandais tout autre qu'il n'y était entré.

Son chapeau, ordinairement placé perpendiculairement à l'axe de son visage et légèrement incliné sur les yeux, avait pris une posture diagonale qui lui donnait des allures tout à fait crânes et même un peu tapageuses.

Une de ses mains placée dans la poche de son pantalon y jouait, de la façon la plus cavalière, avec quelques louis dont on entendait le froissement, tandis que l'autre brandissait son parapluie et faisait décrire à l'extrémité du pacifique ustensile les figures les plus capricieuses de l'escrime.

Lui qui, d'ordinaire, cheminait la tête basse, descendant sur le pavé pour un enfant qui tenait le trottoir, à cette heure il portait le front haut, le buste droit, la poitrine effacée, en homme qui a vaillamment conquis sa place au soleil, attendant imperturbablement que les passants se dérangeassent pour lui; —ce qu'ils ne manquaient pas de faire, les uns par respect pour son âge, les autres par déférence pour sa croix, les autres, enfin, parce que l'air cassant du chevalier leur imposait en réalité.

Il fut un instant tenté d'entrer chez un marchand de tabac et d'y acheter un cigare, objet pour lequel il avait toujours professé la plus indomptable aversion: il lui semblait qu'un cigare était le complément obligé de sa nouvelle attitude et il se voyait avec complaisance lançant comme un autre Cacus, d'énormes bouffées de fumée vers le ciel et acquérant ainsi un nouveau point de ressemblance avec son ami Dumesnil, que momentanément il se donnait pour modèle.

Mais, par bonheur, il se souvint qu'un certain soir, à Papaéti, ayant pris une cigarette aux lèvres de Mahaouni et ayant aspiré quelques gorgées de l'odorante vapeur dont la jeune Taïtienne aimait à s'entourer comme d'un nuage, il s'en était suivi d'abominables nausées et un malaise dont il lui avait fallu près de trois jours pour se remettre.

Il pensa qu'un pareil spectacle, donné à ses ennemis, pourrait compromettre la réputation qu'il venait d'acquérir, et il renonça judicieusement à cette velléité.

Le chevalier s'en tint donc à ce que la conscience de sa valeur personnelle, qui venait de se révéler en lui donnait d'airs imposants à sa physionomie, et rentra modestement à l'hôtel de Londres.

Maintenant, en historien véridique que nous sommes, nous devons avouer que, malgré l'assurance et l'aplomb avec lesquels le chevalier avait provoqué Gratien d'Elbène, malgré la satisfaction de lui-même que lui avait causée sa vaillante conduite, M. de la Graverie dormit fort mal. Ce n'était point la peur de la mort ou de la douleur qui causait son insomnie : non; deux choses l'inquiétaient bien autrement: la première, le sort réservé à Thérèse, dans le cas où il lui arriverait malheur, à lui; la seconde, la crainte qu'une fois arrivé sur le terrain, son attitude ne vînt à se démentir et ne répondît pas suffisamment au prospectus qu'il avait lancé.

Pour Thérèse, il se rassurait un peu en songeant

à la promesse que lui avait faite Henri, promesse qui deviendrait encore plus sacrée pour ce dernier, lorsqu'il en arriverait à connaître celle sur laquelle il avait promis de veiller; M. de la Graverie espérait, d'ailleurs, quoi qu'en eût dit son frère, pouvoir assurer l'avenir de la jeune fille par un testament olographe bien en règle.

Restait le duel.

Quelques heures de solitude et de réflexion avaient refroidi le sang du chevalier, et, quoique sa détermination demeurât toujours la même, il avait besoin de faire appel à toute sa raison pour se rasséréner.

Malheureusement, la tâche était difficile, et plus le chevalier s'évertuait à se prouver à lui-même qu'il avait toutes sortes de raisons pour être tranquille, plus une foule d'idées noires se faisaient jour dans son cerveau.

Tout ce qui, quelques heures auparavant, lui semblait ne pas mériter un regret, lui paraissait en ce moment si doux, si bon, si séduisant, qu'il ne pouvait prendre le parti de s'en séparer.

Toutes les joies, tous les plaisirs, toutes les jouissances de sa vie passée, se représentaient à sa mémoire et, se tenant par la main, dansaient un pas séducteur et provoquant, dans sa mémoire, en ayant l'air de lui dire avec un accent plein de mélancolie : « Adieu, chevalier!... tu vas nous perdre, toi qui pouvais si bien nous conserver, si tu n'avais pas fait le jeune homme, le querelleur, le duelliste, le redresseur de torts, le don Quichotte, enfin ! »

Le chevalier trouvait cette évocation chorégraphique extrêmement désagréable.

En même temps, et tout à la fois, un chaos de sinistres perspectives grouillait dans les lointains de son imagination, comme pour se mettre en harmonie avec les premiers plans.

Il sentait le froid de la mort glacer sa chair et, de là, passer dans ses os.

Il lui semblait que les esprits de l'autre monde venaient s'emparer de son cadavre; il sentait sur son visage le souffle de grandes ailes de chauves-souris agitant l'air.

Le moindre bruit qu'il entendait dans le voisinage était, pour lui, celui d'un marteau assemblant les planches de la bière qui devait être la sienne.

Tout éveillé qu'il était, il rêvait qu'on le mettait en terre, et il entendait l'argile et les pierres tomber lourdement sur son cercueil.

Il sentait les mille reptiles du tombeau se glisser entre les plis de son suaire, et sa chair tressaillait d'avance à leur contact visqueux et glacé.

Aussi, la nuit, mère de toutes les funèbres apparitions, lui sembla-t-elle bien longue, et, dès qu'il vit poindre le jour, se hâta-t-il, contrairement à ses habitudes, de se jeter à bas de son lit.

— Décidément, se disait le chevalier tout en grelottant, moitié de froid, moitié à cause des dispositions dans lesquelles il se trouvait, décidément, je n'étais pas fait pour devenir un héros! Enfin, je n'en aurai à mes propres yeux que plus de mérite à me bien conduire; mais c'est singulier, hier, je n'avais pas peur le moins du monde, alors qu'au contraire j'eusse dû hésiter, tandis que c'est maintenant que le frisson me gagne. Je ne puis cependant pas provoquer un homme à chaque instant de la journée, afin de maintenir mon courage à une température convenable !

Le chevalier, pour ne pas laisser à ces pensées démoralisantes, le loisir de le tourmenter de nouveau, se décida à écrire à Henri d'Elbène sans lui nommer son adversaire, lui annonçant que la rencontre serait, selon toute probabilité, fixée au lendemain, huit heures du matin, et le priant, en conséquence, de venir le prendre à sept heures pour aller au rendez-vous.

Il ne voulait point le mettre en contact avec les officiers qui lui eussent tout dit; et, de là au lendemain, ou plutôt à l'heure fixée pour que les témoins se rencontrassent, il espérait trouver un deuxième parrain qui règlerait les conditions du combat avec les seconds de Gratien.

La lettre finie et cachetée, M. de la Graverie sortit pour la jeter lui-même à la poste. Dans les occasions importantes, le chevalier aimait assez à s'en rapporter à lui-même.

Comme il franchissait la porte cochère de son hôtel, il se trouva nez à nez avec l'homme qui lui avait promis de lui faire retrouver Black.

— Oh ! oh ! déjà levé, monsieur ! lui dit Pierre Marteau en l'abordant. Eh bien, l'on peut dire que voilà un chien plus heureux que bien des gens. Ainsi, moi, je puis m'égarer, personne n'en perdra le sommeil, Dieu merci ! Mais, au reste, ce sera bientôt l'heure.

— Quelle heure ? demanda le chevalier, dont la tête n'était pas encore bien raffermie.

— L'heure à laquelle j'espère vous remettre en possession de votre animal.

— Vous l'avez revu ? Oh ! conduisez-moi vers lui, mon brave homme. Si j'avais près de moi mon cher Dumesnil, il me semble que je n'aurais plus peur de personne.

— Patience ! patience ! nous allons nous acheminer tout doucement du côté où il est, et vous verrez que je ne vous ai pas menti.

— Mais où allez-vous donc? ou plutôt, ou allons-nous donc?

— Au marché aux chiens, pardieu! Ne croyez-vous pas que le filou qui vous a enlevé votre animal l'a pris pour en faire des reliques? Allons donc!

— Mais, enfin? demanda le chevalier.

— Voilà la chose : le chien n'a pas été réclamé; on n'a vu ni affiche, ni annonce, ni récompense grosse ou petite; on est donc tranquille; si bien que je vous jure qu'à l'heure qu'il est, votre caniche chemine comme nous dans la direction de la barrière de Fontainebleau.

C'est, en effet, à la barrière de Fontainebleau que, les dimanches, mardis et vendredis de chaque semaine, se tient le marché aux chevaux, auxquels le commerce des chiens sert, pour ainsi dire, de complément et d'appendice.

Deux peintres, dont l'un nous a été enlevé dans la force de l'âge, Alphonse Giroux et Rosa Bonheur, la femme au doux nom et au talent vigoureux, ont fait de ce spectacle deux tableaux qui, avec des qualités différentes, en ont parfaitement reproduit la physionomie pittoresque.

Seulement, disons la chose en passant, pour l'édification de ceux qui prennent les dénominations à la lettre, ce n'est point au marché aux chevaux qu'il faut aller pour chercher les magnifiques animaux qui promènent l'élégance et le luxe dans les rues de Paris ou sur les allées sablées du bois de Boulogne.

Le marché aux chevaux est essentiellement utilitaire; la beauté, la finesse des formes, la distinction de race, n'y sont pas cotés le moins du monde; ce que l'on y vient chercher, ce sont des machines à travail, et encore les y veut-on dans les conditions d'économie les plus grandes possibles.

C'est dire assez qu'à part quelques percherons, quelques boulonnais, propres au charriage, on n'y rencontre que ce qui a été usé, abîmé, éreinté sur le pavé de Paris, cet enfer des chevaux; on n'y voit que de pauvres vieux débris fourbus, auxquels la spéculation s'obstine à faire rendre tout ce que Dieu avait mis de force dans leurs muscles, de vigueur dans leurs reins, avant de les renvoyer au néant, en passant par le charnier de Montfaucon.

Ce dont il faut surtout se défier au marché aux chevaux, c'est des animaux qui semblent sains et bien portants.

On peut gager à coup sûr que ceux-là sont rétifs ou ont le vertige.

Malgré l'aspect misérable de chacune des individualités chevalines qui peuplent ce bazar, son ensemble ne manque pas d'animation; on y fait trotter, galoper, piaffer un cheval à trente francs, avec accompagnement de coups de fouet et de bruit de sabots, absolument comme on le fait chez Crémieux ou chez Drake pour un demi-sang de mille écus : ce sont les mêmes ruses, les mêmes phrases, les mêmes serments que chez nos marchands les plus en vogue, et il y a infiniment plus de couleur ici que là-bas, c'est-à-dire à la barrière Fontainebleau qu'aux Champs-Élysées.

Comme nous le disions tout à l'heure, le commerce des chiens sert d'appendice à celui des chevaux.

Réduit à des proportions honnêtes, le commerce des chiens serait une pauvre industrie; aussi, comme il est entendu que chacun doit vivre de son état, les marchands de chiens se sont-ils arrangés de façon à rendre le leur le plus lucratif possible.

Au lieu d'élever des chiens, — ce qui, à raison de six francs au minimum par mois, donne au bout de l'an un total de soixante et douze francs comme valeur de l'animal avant de réaliser un centime de bénéfice, — ils ont jugé infiniment plus simple et plus profitable de ramasser sur la voie publique des chiens tout élevés et de les mettre en vente.

Puis, comme les chiens errants devenaient de plus en plus rares, on leur a facilité le vagabondage, en faisant pour eux ce que nous avons vu faire pour l'épagneul de M. de la Graverie.

Le marché aux chiens, qui nous a entraîné à cette savante dissertation, se tient dans les contre-allées du boulevard de l'Hôpital, avoisinant la barrière de Fontainebleau ou d'Italie.

Quelques-uns de ces intéressants quadrupèdes sont attachés à des piquets.

Les petits sont en cage.

Les gros se promènent avec leur maître, ou plutôt avec ceux qui le sont devenus par des circonstances si fortuites, que, vu la variété des circonstances, nous n'abordons même pas ce chapitre.

On trouve là des chiens de toute grandeur, de toute grosseur, de tout poil, de toute race, de toute physionomie.

Il y a des chiens des Pyrénées au poil fauve et à l'air paterne; défiez-vous-en, s'appellassent-ils Mouton comme celui qui, un jour, me croqua la main.

Il y a des bouledogues, au nez écrasé, à l'œil saillant, aux dents en défenses de sanglier.

Il y a des terriers, des mâtins, des chiens couchants, des braques, des pointers plus ou moins authentiques.

Le chien de berger et le king's-charles y sont représentés.

Le chien courant, depuis le basset jusqu'au chien d'ordre, y ont leurs places.

Les chiens-loups, blancs et noirs, qui semblent des conducteurs de diligence enveloppés de leurs fourrures; les chiens turcs, qui semblent sortis de la leur et qui grelottent toujours; les chiens de la Havane, que l'on trouve avec tant de peine sous leurs longues soies, s'y rencontrent également.

Le carlin lui-même, — ce chien célèbre, sinon illustre, que l'on prétendait disparu comme le mammouth, et dont Henry Monnier se vantait d'avoir sauvé la mémoire de l'oubli, — le carlin lui-même y envoie de loin en loin quelques spécimens.

Puis vient la cohue des roquets, cohue si nombreuse, si variée, si pleine de fantaisie dans ses ramifications, que Buffon, en la voyant, eût, bien certainement, déchiré sa nomenclature de l'espèce canine, et la généalogie qu'il dressait pour chaque race, généalogie aujourd'hui indéchiffrable.

Depuis près de deux heures, le chevalier de la Graverie et son compagnon battaient en tout sens le boulevard de l'Hôpital, allées et contre-allées, et ils n'avaient point encore découvert ce qu'ils étaient venus y chercher.

Plus de dix fois déjà, l'honnête Pierre Marteau, désireux de gagner son argent, avait dit au pauvre chevalier en lui montrant un chien dont le signalement se rapprochait de celui de Black :

— Voyez, monsieur, n'est-ce pas là votre Dumesnil ?

Et, plus de dix fois déjà, le chevalier de la Graverie avait répondu avec un gros soupir :

— Hélas ! non, ce n'est pas lui.

Tout à coup, notre héros poussa un cri de joie.

A l'angle de la rue d'Ivry, qui lui faisait face, il venait d'apercevoir un homme conduisant en laisse deux chiens, et l'un des deux chiens, c'était Black.

L'homme était en conférence avec un monsieur qui semblait examiner l'épagneul avec la plus vive curiosité.

— Le voilà ! le voilà ! s'écria M. de la Graverie. Tenez, il me reconnaît, il tourne la tête de mon côté. — Black ! Black ! Ah ! mon pauvre Dumesnil, dans les circonstances où je me trouve, que je suis donc aise de te revoir !

M. de la Graverie voulut traverser la chaussée ; mais, en ce moment, les maquignons faisaient trotter non pas un, mais dix chevaux : il était impossible de franchir le boulevard sans courir le risque d'être écrasé, et l'honnête Pierre Marteau, qui, n'ayant pas les mêmes motifs d'enthousiasme que le chevalier, avait, par bonheur, conservé tout son sang-froid, le retint fort à propos.

Pendant ce temps, le monsieur avait tiré sa bourse de sa poche, avait payé le marchand, et, ayant reçu de lui la corde qui attachait Black, se disposait à s'éloigner.

Le chevalier de la Graverie, empêché, comme nous l'avons dit, voyait tout cela et criait :

— Arrêtez ! arrêtez ! ce chien est à moi !

Mais le bruit de sa voix se perdait au milieu des hurlements des maquignons, du claquement des fouets et du retentissement des fers sur le pavé.

Enfin, la chaussée devint libre ; Pierre Marteau lâcha le pan de l'habit du chevalier, qui s'élança à la poursuite de l'acheteur.

— Monsieur ! monsieur ! s'écriait-il en trottinant derrière lui, mais c'est mon chien que vous venez d'acheter là !

Le monsieur, qui n'avait d'abord fait aucune attention aux cris du chevalier, comprit que c'était à lui que s'adressait l'allocution, et, si pressé qu'il parut d'emmener Black, il se retourna.

— Hein ? fit-il ; s'il vous plaît, vous dites ?

— Je dis, monsieur, répéta le chevalier tout haletant, que c'est mon chien que vous emmenez.

— Vous vous trompez, monsieur, répondit l'acquéreur ; l'animal que je tiens en laisse m'appartient à deux titres, dont un seul suffit pour valider sa possession : c'est moi qui l'ai élevé ; je ne l'ai jamais vendu, et cependant je viens de le racheter tout à l'heure.

— Pardon, excuse, notre bourgeois, dit Pierre Marteau avec politesse et en même temps avec fermeté, mais je dois dire que la bête est à monsieur; je suis témoin qu'on la lui a volée vendredi, à preuve qu'il y a deux jours que je la cherche.

— Regardez, monsieur, regardez, il me reconnaît! s'écria le chevalier en prenant la tête de Black entre ses mains et en le baisant au front.

— Malheureusement, monsieur, répondit froidement mais résolûment l'acheteur, cela ne prouve qu'une chose : c'est que vous avez possédé ce chien après qu'il m'a été volé à moi-même; je doute que vous puissiez affirmer, sur votre parole d'honneur, qu'il y a plus de deux ans que ce chien est à vous, et cependant ce chien a aujourd'hui huit ans bien sonnés.

— Monsieur, dit le chevalier, qui, se rappelant le récit de Thérèse, sentait un certain trouble dans sa conscience, monsieur, mettez-le à prix, et je le payerai ce qu'il vous plaira de me demander.

— Nul prix ne peut me tenter, monsieur; je suis, Dieu merci, assez riche pour ne pas avoir besoin de vendre mes chiens; en outre, celui-ci a pour moi un prix inestimable : il me rappelle des souvenirs chers et précieux; aussi, je vous affirme que, depuis un an ou quinze mois que je l'ai perdu au bois de Boulogne, il s'est passé peu de jours sans que je songeasse à lui. Je l'ai retrouvé, je le garde.

— Garder Black, monsieur? Mais c'est impossible! s'écria le chevalier, dont la tête s'échauffait singulièrement. Monsieur, ce chien est à moi. Je me ferai tuer, s'il le faut, pour qu'il rentre en ma possession.

— Monsieur, répondit l'acheteur en fronçant le sourcil, quoique j'aie quelque pitié de ce que je crois devoir regarder de votre part comme un accès de folie, je suis obligé de vous dire que vous m'ennuyez.

— Oh! que je vous ennuie ou non, monsieur, repartit le chevalier, qui rentrait peu à peu dans ses allures guerrières de la veille, j'ai un duel pour demain, et, ma foi, pendant que j'y suis, je ne me laisserai pas arrêter par la perspective d'une seconde affaire. Je veux mon chien.

Et, en disant ces mots, le chevalier haussait résolûment la voix.

— Oh! ne crions pas, monsieur, reprit avec beaucoup de calme l'adversaire du chevalier. Voyez, le public s'amasse déjà autour de nous, et, pour un homme de votre âge, il n'est guère convenable de vous donner ainsi en spectacle. Voici ma carte; dans une heure, je serai chez moi. J'espère que vous aurez repris un peu de sang-froid, et je vous attendrai pour régler cette affaire de quelque façon que vous le jugiez convenable.

— Soit, monsieur, dans une heure !

L'inconnu salua froidement M. de la Graverie, et s'éloigna en emmenant Black, qui, en fait de possession, n'admettait sans doute pas le droit de priorité, et qui ne suivit qu'en se faisant traîner et en adressant au chevalier de la Graverie des regards à lui fendre le cœur.

Enfin, lorsque le chevalier eut perdu de vue Black et celui qui l'entraînait, il jeta les yeux sur la carte qu'il tenait à la main, et y lut ce nom et cette adresse :

« J.-B. Chalier, négociant, rue des Trois-Frères, n° 22. »

— Où diable ai-je vu ce nom-là ? se dit le chevalier en s'acheminant vers la station de voitures de place. Ma pauvre tête est si embrouillée par tout ce qui m'arrive, que je crois vraiment que j'en perdrai la mémoire. C'est égal, ce mâtin de chien m'a causé bien des ennuis ; mais aucun d'eux n'égalerait le chagrin que me donnerait sa perte... Ah ! tout cela est d'un bien fâcheux augure pour demain.

Et, comme une voiture justement passait à vide, il fit signe au cocher, qui s'arrêta.

Pierre Marteau lui ouvrit galamment la portière.

— Ah! mon ami, dit le chevalier, c'est vrai, je t'avais oublié. L'homme est vraiment un animal bien ingrat!

Et, prenant trois ou quatre louis dans sa poche, il voulut les donner au brave homme.

Mais celui-ci secoua la tête.

— Ce n'est pas assez? dit le chevalier. Viens à l'hôtel, mon ami, et je te donnerai davantage.

— Oh! je ne dis pas cela, monsieur.

— Et que dis-tu, alors?

— Je dis que je puis encore vous être utile, ne fût-ce que pour affirmer, devant qui de droit, que le chien est bien à vous, et que vous le teniez en laisse lorsqu'on vous l'a volé, boulevard des Italiens.

— Eh bien, oui, viens! un brave homme est toujours utile, et, si tu ne me sers pas à cela, tu me serviras à autre chose. Mais où vas-tu monter?

— Avec le cocher, pardieu!

— Monte donc avec le cocher, mon ami.

Puis, à lui-même :

— Oui, oui, oui, se dit le chevalier comme pour se fouetter le sang, quand je devrais me battre, avec ce Chalier, au pistolet à bout portant, au mouchoir, j'aurai Black!... Et tu ne m'abandonneras pas, n'est-ce pas, mon pauvre Dumesnil, dans cette circonstance où je risquerai ma vie pour toi?...

Pierre Marteau avait refermé la portière et était monté près du cocher.

— Où allons-nous, notre bourgeois? demanda celui-ci.

— Rue des Trois-Frères, n° 22, répondit le chevalier.

Le fiacre partit.

X

— Où, après avoir reconnu son chien, le chevalier reconnait un ami. —

Ce fut en proie aux plus sombres pensées que le chevalier arriva à la rue des Trois-Frères.

M. Chalier venait de rentrer, il n'y avait que quelques minutes.

Le chevalier s'informa de Black au concierge; le concierge n'avait jamais ouï parler de Black; mais M. Chalier était rentré avec un chien qu'on ne lui connaissait pas. Ce chien était un épagneul du plus beau noir. C'était tout ce que voulait savoir le chevalier.

M. Chalier occupait le second étage d'une fort belle maison.

M. de la Graverie monta précipitamment l'escalier, espérant qu'il allait revoir Black, et cherchant par quelle phrase il pourrait toucher le cœur de l'ancien propriétaire de son chien, cœur qui, au reste, lui paraissait, d'après ce qu'il en avait vu, assez peu malléable.

Et, tout en montant, il se demandait s'il ne ferait pas sagement d'avouer au susdit J.-B. Chalier ses soupçons, relativement à l'ancienne condition humaine qu'occupait Black, lorsqu'il portait l'épée au côté et les épaulettes de capitaine.

Il sonna à la porte du second étage sans plan arrêté, et en répétant, pour la dixième fois, cette phrase, qu'il s'adressait à lui-même, en forme d'interrogation :

—Mais où diable ai-je donc vu ce nom de Chalier?

M. Chalier venait effectivement de rentrer ; mais, comme il était dix heures et qu'en sa qualité de négociant, il maintenait un grand ordre dans la maison, il s'était mis immédiatement à table, son déjeuner étant invariablement servi à dix heures.

Mais, en se mettant à table, M. Chalier avait

expressément recommandé que, s'il venait, pour lui, un homme d'une cinquantaine d'années, petit, court, grassouillet et portant un ruban rouge à la boutonnière, on le fît entrer au salon.

Ce signalement s'appliquait si bien au chevalier, que le domestique, en lui ouvrant la porte, s'écria :

— Ah! c'est monsieur que monsieur attend.

— Je le crois, hasarda le chevalier.

— Je dois introduire monsieur, et aller prévenir immédiatement monsieur, qui déjeune.

Le chevalier n'avait pas encore déjeuné, et, disons plus, il était si préoccupé, qu'à peine avait-il songé à ce repas, auquel autrefois il accordait cependant une certaine importance.

Aussi, tout imprégné de cette morale gastronomique de Berchoux, laquelle professe que rien ne doit déranger l'honnête homme qui prend sa nourriture, M. de la Graverie répondit avec une courtoisie tout instinctive :

— C'est bien, c'est bien; ne dérangez pas M. Chalier; j'attendrai au salon.

Le domestique introduisit le chevalier dans la pièce indiquée, et alla prévenir son maître de l'arrivée de la personne qu'il attendait, tout en lui rapportant ses paroles, que Black, couché aux pieds de son nouveau propriétaire, sembla écouter avec la plus intelligente attention.

Pendant ce temps, le chevalier, introduit au salon, s'en allait droit à la cheminée, garnie d'un bon feu, et, y appuyant ses reins, commençait à se chauffer les mollets en se demandant pour la onzième fois :

— Mais ou diable ai-je donc vu ce nom de Chalier?

En ce moment, l'attention du chevalier fut attirée par un grand tableau à l'huile, qui parut lui rappeler un souvenir plus distinct que celui du nouveau maître de Black.

— Tiens! s'écria le chevalier, la rade de Papaéti!

Et il courut au tableau.

Ce tableau fut pour lui toute une révélation.

Enfin, Dieudonné se rappelait où il avait vu ce nom de Chalier qui l'intriguait si fort.

A peine ce souvenir plein de lucidité venait-il de traverser sa mémoire, qu'il entendit derrière lui le grincement d'une porte qui s'ouvrait.

Il se retourna et aperçut M. Chalier.

Alors, non-seulement il se rappela le nom, mais encore il reconnut le visage.

Il jeta son chapeau sur le tapis, courut à M. Chalier, et, lui prenant les deux mains :

— Oh ! monsieur, monsieur, lui dit-il, vous avez été à Taïti, n'est-ce pas?

— Mais oui, dit M. Chalier tout étonné de ce revirement d'humeur, chez un homme qu'il regardait déjà comme son adversaire.

— Vous y étiez en 1831, à bord de la corvette *le Dauphin?*

— Oui.

— La fièvre jaune était à bord du bâtiment?

— Oui.

— Le 8 août, un homme de cinquante ans, grand, brun, sec, avec des moustaches noires et des cheveux grisonnants, se fit conduire de Papaéti à bord du *Dauphin*, et y gagna la maladie?

— Le capitaine Dumesnil, parbleu!

— C'est cela, Dumesnil! Ah! je ne me trompe pas, vous avez connu Dumesnil?

— Je le crois bien! mon meilleur ami.

— Non, monsieur, non: son meilleur ami, c'était moi, je m'en vante. Ah! il y a une Providence, sacredié! oui, il y en a une, s'écria l'honnête chevalier avec des larmes dans la voix, et jurant pour la première fois de sa vie.

— Je l'ai toujours cru, répondit en souriant M. Chalier.

— Embrassez-moi, monsieur! embrassons-nous! dit le chevalier en jetant ses bras autour du cou de l'homme qu'il voulait égorger, dix minutes auparavant.

— Soit! dit M. Chalier d'un ton flegmatique qui contrastait avec l'exaltation de M. de la Graverie; reconnaissez qu'il y a une Providence, et, en l'honneur de cette Providence, embrassez-moi une fois, deux fois même si vous y tenez absolument; puis ayez la bonté de vous expliquer; car, d'après ce qui se passe, j'ai bien envie d'appeler mes commis et de vous faire conduire à Charenton.

— Monsieur, dit le chevalier, vous en avez le droit; car je suis fou, oui, littéralement fou, mais fou de joie, monsieur! Au reste, un seul mot vous expliquera tout.

— Alors, dites ce mot.

— Je suis le chevalier de la Graverie.

— Le chevalier de la Graverie! s'écria à son tour M. Chalier sortant pour la première fois de cet aspect glacé qui semblait être la température habituelle de son caractère.

— Oui, oui, oui.

— Le passager qui vint nous rejoindre sur le *Dauphin*, le lendemain de la mort du pauvre Dumesnil?

— Justement! et qui fit route avec vous jusqu'à Valparaiso, où vous quittâtes la corvette, sur le pont de laquelle je n'avais pu monter qu'une ou deux fois, tant j'avais le mal de mer.

— En effet, c'est à Valparaiso que je débarquai,

emmenant avec moi Black et la mère de Black, que vous avez connu tout petit. Ah! vous voyez bien maintenant que je ne vous mentais pas.

— Oui; mais occupons-nous, s'il vous plaît, d'autre chose que de Black en ce moment-ci.

— De tout ce que vous voudrez, monsieur.

— Mon nom, le chevalier de la Graverie, ne vous rappelle-t-il pas certaines circonstances?...

— C'est vrai, monsieur.

— Ne vous rappelle-t-il pas le paquet que Dumesnil vous portait à bord lorsqu'il y attrapa cette fatale maladie dont il mourut, et le nom de la personne à laquelle ce paquet était adressé?

— Madame de la Graverie...

— Mathilde!

— Hélas! chevalier, répondit M. Chalier, je n'ai pu accomplir sur ce point la mission dont je m'étais chargé, croyant revenir immédiatement en France.

— Ah!

— Vous m'avez vu descendre à Valparaiso?

— Oui.

— D'abord, j'y suis resté beaucoup plus longtemps que je ne croyais; puis, au lieu de revenir en traversant les terres ou en doublant le cap Horn, je pris un bâtiment qui, accomplissant un voyage de circumnavigation, revenait par le Cap. Il en résulta que, lorsque j'arrivai en France, madame de la Graverie était déjà morte.

— Mais n'avez-vous eu aucun détail sur sa mort et sur l'enfant qu'elle laissait, monsieur?

— Peu... mais, enfin, tels que je les ai eus, je vais vous les dire.

— Oh! je vous en supplie, fit le chevalier en joignant les mains.

— Votre frère, vous le savez sans doute, avait exigé qu'elle ne reconnût pas l'enfant dont elle allait accoucher; elle accoucha d'une fille.

— C'est cela, oui, monsieur, c'est cela!

— Cette fille fut baptisée sous le nom de Thérèse.

— De Thérèse! Vous en êtes sûr?

— Parfaitement sûr, monsieur.

— Continuez, monsieur! continuez! Je vous écoute.

En effet, l'âme du chevalier semblait suspendue aux lèvres du narrateur.

— L'enfant avait été confiée à une femme nommée la...

M. Chalier chercha le nom.

— La mère Denniée, dit vivement le chevalier.

— C'est cela, monsieur; mais, cette femme, je la cherchai sans pouvoir en découvrir la moindre trace.

— Eh bien, monsieur, je l'ai retrouvée, moi!

— Qui?

— Thérèse!

— Thérèse?

— Oui, et, grâce à vous, je pourrai bientôt, je l'espère, l'appeler ma fille.

— Votre fille?

— Sans doute.

— Cependant, il me semblait...

M. Chalier s'arrêta court : le terrain sur lequel il s'aventurait lui sembla brûlant.

Le chevalier comprit sa pensée.

— Oui, cela vous étonne, dit-il avec un sourire triste; mais, lorsque la mort a passé sur une offense, mon cher monsieur, malheureux est celui qui s'en souvient! Puis, je vous l'avoue, je suis resté sept longues années de ma vie à n'aimer que moi, et, en vieillissant, je devins volage : j'ai commencé à me faire une infidélité pour un chien, et, d'un chien, je veux passer à mon enfant. Voyons, monsieur, un effort de mémoire! Avez-vous quelque preuve sur laquelle nous puissions baser la naissance de cette jeune fille?

— Sans doute, si vous pouvez prouver qu'elle est bien la même qui fut confiée à la femme Denniée, j'ai un acte, — celui que le pauvre Dumesnil était venu m'apporter à bord en me recommandant la mère et l'enfant, — j'ai un acte que madame de la Graverie lui avait fait passer, acte dressé par les conseils du médecin qui la soignait, et qui constate que l'enfant du sexe féminin baptisé sous les noms de Thérèse-Delphine-Marguerite était bien sa fille.

— Et la mienne, par conséquent ! s'écria M. de la Graverie tout joyeux. *Pater is est quem nuptiæ demonstrant !*

Et jamais cet axiome du droit conjugal, qui a fait enrager tant de maris, ne fut invoqué d'un plus joyeux visage et d'un cœur plus satisfait.

Lorsque le chevalier eut donné cours à sa satisfaction, il jugea qu'il était temps de mettre M. Chalier au courant de la situation des différents personnages qui jouaient un rôle dans le drame dont lui, Dieudonné, cherchait avec tant de peine le dénoûment.

Il termina son récit en racontant ce qui s'était passé la veille, à l'estaminet Hollandais, entre lui et M. Gratien d'Elbène.

M. Chalier, en apprenant le duel qui devait avoir lieu le lendemain, fit tout ce qu'il put pour dissuader le chevalier de se battre.

Mais la vue de Black, et le commencement d'irritation que le chevalier avait éprouvé dans la matinée, lui avaient complétement remonté le moral.

— Non, mon cher monsieur, dit-il, non, non, non ! je suis inébranlable. J'étais déjà décidé à me battre alors que je n'avais que des présomptions sur la naissance de Thérèse ; à présent que je suis certain qu'elle est bien la fille de Mathilde, j'affronterais mille morts pour elle ! Et, tenez, c'est encore de l'égoïsme, — j'ai toujours été égoïste et je resterai égoïste jusqu'à la fin ! — tenez, continua le chevalier en montrant Black, qui avait poussé la porte du salon et était venu poser mélancoliquement la tête sur ses genoux, j'ai découvert tant de jouissance à souffrir pour eux, que je suis certain qu'il y a, dans la mort endurée pour un être que l'on aime, une source de douceurs et de consolations dont personne ne se doute, et avec lesquelles je ne serais point fâché de faire connaissance.

— Eh bien, répondit M. Chalier, puisque votre parti est si bien pris, mon cher monsieur de la Graverie, faites-moi alors l'honneur de m'accepter pour second.

— Eh ! monsieur, j'allais vous le demander, s'écria le chevalier tout joyeux.

— Alors, c'est dit ?

— Oui, c'est dit ; et nous n'avons pas une minute à perdre.

— Comment cela ?

— Les témoins de mon adversaire doivent se

promener de midi à une heure sur la terrasse des Feuillants, pour s'entendre avec les miens.

Le chevalier tira sa montre.

— Or, il est dix heures trente-cinq minutes, ajouta-t-il.

— Bon ! vous voyez bien que nous avons le temps.

— C'est vrai ! mais je n'ai pas déjeuné.

— Je vous offrirais bien de déjeuner avec moi ; mais il faut que je vous cherche un second ami.

— Pourquoi faire ?

— Pour discuter les conditions du combat.

— Inutile ! ce second ami, je l'ai ; seulement, je tiens, et pour les plus graves motifs, à ce qu'il ne voie mon adversaire et ses témoins que sur le terrain du combat ; je vous prierai donc de régler seul les conditions du duel.

— Quelles recommandations avez-vous à me faire ?

— Aucune.

— Mais, si notre adversaire nous laissait le choix des armes ?...

— N'acceptez pas ! il est l'offensé ; je ne veux aucune concession.

— Cependant, vous avez une préférence pour telle ou telle arme ?

— Une préférence, monsieur? Oh! non, Dieu merci, je les déteste toutes.

— Mais, enfin, vous savez tirer le pistolet, manier l'épée?

— Oui; mon pauvre Dumesnil, malgré ma répugnance pour ces instruments de destruction, m'a appris à m'en servir.

— Et vous vous en servez convenablement?

— Monsieur, vous connaissez bien ces petites perruches vertes, à tête orange, qui sont un peu plus grosses que des moineaux francs et qu'on rencontre dans toutes les îles de l'Océanie?

— Parfaitement.

— Eh bien, à la cime d'un arbre, j'en tuais régulièrement deux sur trois.

— Ce n'est pas la force de Dumesnil, qui en tuait trois sur trois; mais c'est encore fort joli. Et à l'épée?

— Oh! quant à l'épée, je ne sais que parer, mais je suis très-fort pareur.

— Ce n'est pas assez.

— Et puis, je connais un coup...

— Ah! ah!

— Un seul.

— Si c'est certaine botte avec laquelle Dumesnil m'a touché dix fois, elle suffira.

— C'est cette botte-là même, monsieur.

— Alors, je ne suis plus inquiet de vous.

— Ni moi non plus ; mais à une condition, cependant...

— Laquelle?

— Souffrez que Black nous suive demain sur le terrain, cher monsieur Chalier. Je suis fort superstitieux, et je crois que sa présence me portera bonheur.

— Black vous suivra, non-seulement demain, mais toujours, chevalier, et je suis vraiment heureux de pouvoir vous offrir un animal auquel vous attachez tant de prix.

— Merci, monsieur, merci ! s'écria le chevalier avec des larmes plein les yeux. Ah ! vous ne pouvez savoir le cadeau que vous me faites-là ! Black, voyez-vous, ce n'est pas un animal, c'est... Mais non, vous ne me croiriez pas, ajouta le chevalier en regardant tour à tour Black et son nouvel ami.

Puis, tendant les bras à Black :

— Black ! mon brave Black ! lui dit-il.

Black se jeta dans les bras du chevalier en poussant un doux hurlement de joie, auquel le chevalier répondit tout bas :

— Sois tranquille, maintenant, mon pauvre Dumesnil ! rien ne nous séparera plus !... à moins, pourtant, ajouta mélancoliquement le chevalier, à moins qu'une balle de pistolet ou un coup d'épée...

Mais, comme s'il eût compris, Black s'arracha des bras du chevalier et se mit à faire des bonds si allègres et des abois si joyeux, que M. de la Graverie, qui, ainsi qu'il l'avait dit, croyait aux présages, prenant celui-ci pour ce qu'il paraissait être, s'écria le plus crânement du monde, en tendant la main à M. Chalier :

— Sac à papier! cher ami, n'avez-vous point parlé d'un déjeuner qui vous attendait et dont vous m'offriez de prendre ma part?

— Oui, sans doute.

— Eh bien, à table alors, à table! et vive la joie!

M. Chalier regarda le chevalier avec étonnement; mais il commençait à se faire aux excentricités de sa nouvelle connaissance, et, d'une voix qui faisait un contraste des plus étranges avec ses paroles, il répéta :

— A table, donc, et vive la joie!

Et il introduisit son hôte dans la salle à manger, où était servi un déjeuner comme M. de la Graverie n'en avait pas mangé un depuis le jour où il avait renvoyé Marianne.

En sortant du nº 22, M. de la Graverie retrouva son fiacre à la porte.

L'honnête Pierre Marteau était près du fiacre et achevait un déjeuner moins somptueux, mais probablement aussi bien venu que l'avait été celui du chevalier; le charcutier d'en face et le marchand de vin du coin en avaient fait les frais.

— Ah ! ah ! dit le brave homme en voyant le chevalier appuyé au bras de M. Chalier, et Black qui les suivait, ou plutôt qui suivait M. de la Graverie, il paraît que vous voilà raccommodé avec le propriétaire du chien, et que tout a fini le mieux du monde?

— Oui, mon ami, dit le chevalier; et, comme il faut que tout finisse le mieux du monde pour vous aussi bien que pour moi, vous allez continuer de m'accompagner jusqu'à l'hôtel, où, si vous le voulez bien, nous réglerons nos comptes.

— Ah! ce n'est pas pressé, notre bourgeois; je vous ferai volontiers crédit.

— Bon! et si je suis tué demain?

— Puisque vous ne vous battez pas !

— Je ne me bats pas avec monsieur, dit le chevalier en se redressant, mais je me bats avec un autre.

— En vérité! dit Pierre Marteau. Non, parole d'honneur, à la première vue, je ne vous aurais jamais cru si mauvaise tête; mais, par bonheur, vous dormirez d'ici là, et la nuit porte conseil.

Le chevalier monta dans le fiacre, où l'attendait déjà M. Chalier. Back, qui craignait sans doute un nouvel accident, n'y monta qu'après le chevalier.

Pierre Marteau referma la portière sur les deux hommes et sur le chien ; après quoi, il reprit sa place près du cocher.

Au moment où le fiacre s'arrêtait rue de Rivoli, devant la porte de l'hôtel de Londres, deux officiers, arrivant chacun d'un côté opposé, se rencontraient sur la terrasse des Feuillants.

— Bon ! dit le chevalier, voilà nos hommes. Ne vous faites pas attendre, mon cher Chalier, et tenez ferme.

M. Chalier lui fit signe qu'il serait satisfait, et traversa la chaussée de la rue de Rivoli, tandis que le chevalier invitait Pierre Marteau à le suivre.

Pierre Marteau obéit.

Arrivé dans sa chambre, M. de la Graverie commença par réinstaller Black sur ses coussins, et, quand il l'y vit confortablement établi :

— Ah ! dit-il, à notre tour maintenant, mon brave homme !

Et, prenant dans un tiroir du secrétaire fermé à clef, un petit portefeuille de maroquin rouge qui indiquait, par la fatigue de la peau, le long usage qu'en avait fait son propriétaire, le chevalier y prit un petit morceau de papier transparent qu'il présenta à Pierre Marteau.

Celui-ci le déplia avec une certaine hésitation, et, quoiqu'il dût être assez peu familier avec la

Banque de France, il reconnut le petit morceau de papier pour être sorti de cet estimable établissement.

— Oh ! oh ! dit-il, signé Garat ! c'est la signature qui s'escompte le plus facilement et pour laquelle on prend le moins de courtage. Combien faut-il vous rendre là-dessus, notre bourgeois ?

— Rien, répondit le chevalier. Je vous avais promis cinq cents francs si je retrouvais mon chien ; je l'ai retrouvé et je vous tiens parole.

— Pour moi, pour moi, tout cela ? Allons, pas de bêtises, bourgeois : les émotions, ça porte à la peau !

— Ce billet est à vous, mon ami, dit le chevalier, gardez-le.

Pierre Marteau se gratta l'oreille.

— Enfin, dit-il, vous me le donnez de bon cœur ?

— De bon cœur, de grand cœur même !

— Mais, avec le billet, vous ne me donnerez pas une poignée de main ?

— Pourquoi pas ? Deux, mon ami ! deux, et avec grand plaisir !

Et il tendit ses deux mains au prolétaire.

Celui-ci tint les mains délicates du chevalier serrées pendant quelques secondes entre ses mains calleuses, et ne les lâcha que pour essuyer une larme qui glissait du coin de son œil sur sa joue.

— Eh bien, dit-il, vous pouvez vous vanter, vous, que le curé de Sainte-Élisabeth en dira demain une crâne, et à votre intention encore.

— Une crâne, quoi, mon ami? demanda la chevalie.

— Une crâne messe, donc! et je vous déclare une chose : c'est que, s'il vous arrive malheur demain, dans votre duel, c'est qu'il n'y a pas de bon Dieu là-haut.

Et Pierre Marteau sortit en essuyant une seconde larme.

Le chevalier en fit autant que Pierre Marteau; seulement, il en essuya deux d'un coup.

Puis il alla à la fenêtre et l'ouvrit en essayant de siffloter un petit air.

Il vit M. Chalier en grande conférence avec les deux témoins de Gratien d'Elbène.

XI

— Qui sera très-agréable à ceux de nos lecteurs qui aiment à voir polichinelle emporter le diable à son tour. —

Le chevalier de la Graverie dormit, cette nuit-là, comme un bienheureux.

Il est vrai qu'il avait près de lui son ami Dumesnil sous le pseudonyme de Black.

A sept heures du matin, grâce à un coiffeur qu'il avait envoyé chercher rue Castiglione, le chevalier était non-seulement habillé, mais encore rasé et coiffé avec un soin que depuis longtemps il ne donnait plus à sa toilette, et il se promenait dans sa chambre, calme et presque souriant.

Black, de son côté, semblait d'une gaieté folle. Il est vrai que le chevalier ne pensait pas le moins du monde à son duel, et que ce n'était nullement, comme on pourrait le croire, par courtoisie pour M. Gratien d'Elbène qu'il s'était fait raser et coiffer.

Non; le chevalier pensait à Thérèse; à Thérèse qui allait venir le rejoindre, et que, par deux lettres écrites, l'une à M. Chalier et l'autre à Henri, il laissait, grâce à l'acte de madame de la Graverie, bel et bien sa fille, et dûment sa seule et unique héritière.

C'était pour Thérèse qu'il s'était fait coiffer et raser.

Il pensait quelle joie ce serait pour Thérèse lorsqu'il lui apprendrait qu'elle était la fille; car il était bien décidé à n'altérer en rien cette joie en parlant à l'enfant des fautes de sa mère.

Il s'était même dit qu'au besoin il prendrait à sa charge l'abandon si prolongé de la pauvre orpheline.

A sept heures et un quart, on heurta à la porte de la chambre du chevalier.

C'était Henri d'Elbène.

M. de la Graverie jeta un coup d'œil rapide sur le jeune homme et vit facilement, à la sérénité de son visage, qu'il ignorait complétement quel était l'adversaire du chevalier.

— Vous voyez, monsieur, dit Henri avec une courtoisie qui sentait d'une lieue son gentilhomme, combien je suis exact et fidèle à venir dégager ma parole.

Une espèce de remords mordit le chevalier au cœur.

Était-ce bien à lui de faire ainsi Henri son second contre Gratien, de faire crier vengeance au frère contre le frère?

Aussi fut-ce avec une physionomie légèrement assombrie qu'il répondit au jeune homme :

— Tenez, monsieur Henri, tout en vous remerciant de votre ponctualité et de la preuve d'intérêt que vous voulez bien me donner, je vous avoue que j'eusse mieux aimé vous voir manquer au rendez-vous.

— Pourquoi cela, monsieur? demanda le baron étonné.

— Parce que ce qui va se passer vous touche de beaucoup plus près que vous ne l'avez supposé, et que vous ne pouvez même le supposer.

— Que voulez-vous dire?

Le chevalier posa sa main sur l'épaule du jeune homme, et, avec une parfaite dignité :

— Monsieur, lui dit-il, malgré la grande différence de nos âges, vous m'avez, par votre caractère ferme et dégagé de sots préjugés, par l'élévation de vos sentiments, inspiré une profonde estime et, permettez-moi de le dire, une vive amitié. Mais ce n'est cependant ni cette estime ni cette amitié qui m'ont amené à vous faire la confidence que vous avez reçue de moi, l'autre jour.

— Et par quel autre motif avez-vous donc été dirigé, monsieur?

— Écoutez, mieux vaut que vous ne le sachiez pas; mieux vaut que, tandis qu'il en est temps encore, vous partiez sans m'accompagner là où je vais. Je vous relève de votre serment; je vous tiens quitte de votre promesse, et plus j'y pense, plus je trouve, non-seulement raisonnable, mais loyal, mais humain, d'agir ainsi. La pauvre enfant que vous avez aimée et qui, elle, vous aime encore, pourrait m'en vouloir de vous avoir associé au châtiment.

— Que signifient ces réticences, monsieur le chevalier? demanda Henri; de qui parlez-vous, je vous en conjure? La pauvre enfant que j'ai aimée et qui m'aime encore, dites-vous? Mais j'ai aimé une seule femme dans ma vie, et cette femme, c'est...

Henri hésita; le chevalier acheva pour lui.

— C'est Thérèse, n'est-ce pas? dit-il.

— Comment savez-vous le nom de Thérèse? comment savez-vous que j'ai aimé Thérèse? demanda vivement le baron.

— Parce que Thérèse est ma fille, monsieur, ma fille unique, mon enfant chérie, et que son séducteur, l'homme qui a abusé de sa ressemblance avec son frère pour commettre un crime, c'est... votre frère!

— Gratien!

— Lui-même.

— Alors, c'est contre mon frère que vous vous battez?

Le chevalier se tut; son silence était une réponse.

— Oh! le malheureux! s'écria Henri en cachant son visage entre ses deux mains.

Puis, après un instant:

— Mais comment, demanda-t-il, comment a-t-il consenti à se battre contre le père de la jeune fille qu'il a séduite?

— Il ignore que je suis le père de Thérèse; d'ailleurs, je lui ai fait une telle insulte, qu'elle ne lui laissait pas le choix de se battre ou de ne point se battre.

— Oh! mon Dieu! mon Dieu! fit Henri.

— Allons, allons, du courage, mon ami! dit le chevalier; cela me semble vraiment bizarre d'en être arrivé à le recommander si vite aux autres... du courage! Rentrez chez vous; seulement, il est une de nos promesses sur laquelle je veux compter encore.

Henri fit un signe indiquant que le chevalier pouvait compter sur lui.

— Si je succombe, ce qui est possible, continua le chevalier avec un sourire doux et triste, si je succombe, je vous lègue mon enfant, ma fille, ma

Thérèse... la vôtre, Henri ! Veillez sur elle, consolez-la, protégez-la ! M. Chalier, dont voici l'adresse, vous fournira les moyens de faire reconnaître ses droits à ma fortune.

— Non, monsieur, non ! s'écria Henri en se redressant et en domptant son émotion ; la concience est la conscience, et l'on ne transige pas avec elle. Ce qui était infâme de la part d'un autre que mon frère, continue d'être infâme de la part de mon frère. Je ne vous abandonne pas. Si votre adversaire n'était pas Gratien, je voudrais pouvoir prendre votre place ; car c'est moi, moi bien plus que vous, qu'il a offensé ; mais, quels que soient les liens qui m'attachent à lui, je témoignerai par ma présence devoute l'horreur que je ressens pour son abominable action. Si vous devez devenir le châtiment, moi, je personnifie le remords. Marchons donc, monsieur ! marchons !

— Voilà une résolution qui vient d'un grand cœur, mon jeune ami, et je ne saurais mieux vous prouver toute l'estime que m'inspire l'élévation de vos sentiments ; mais, songez-y, j'ai insulté si gravement votre frère, je vous le répète, que tout espoir d'accommodement sur le terrain serait chimérique.

— Ah ! si j'étais libre, monsieur, s'écria Henri, Thérèse serait heureuse, Thérèse serait réhabilitée... quoique... Oh! c'est bien affreux! un frère! Mais, tout jumeaux que nous sommes, monsieur, autant il y a de ressemblance dans nos traits, autant il y a de différence dans nos caractères : lui vit dans le bruit des bals et des cafés; moi, je vis dans la solitude. Depuis son retour à Paris, je ne l'ai pas vu deux fois... Mais je m'écarte de la question; je m'excuse en quelque sorte auprès de vous du crime d'un autre. Enfin, quand vous la reverrez, chevalier, — car, si dénaturé que vous paraisse un pareil souhait, j'espère que vous la reverrez, — dites-lui que celui qui l'a tant aimée, qui l'aime encore, n'a pas voulu abandonner son père en ce moment suprême, quoi qu'il en coutât à son cœur!

Le chevalier tendit la main au jeune homme; puis, jetant les yeux sur la pendule :

— L'heure avance, mon cher Henri, dit-il. C'est ma première affaire; je n'ai pas acquis le droit de me faire attendre. Partons donc. — Ici, Black!

— Est-ce que vous emmenez votre chien?

— Sans doute... ce n'est pas dans un pareil moment que je voudrais que mon meilleur et mon plus ancien ami me quittât. Ah! s'il n'était pas mort, pauvre Dumesnil!

Henri regarda le chevalier avec étonnement.

— Ne faites pas attention, dit celui-ci, je m'entends.

En descendant l'escalier, le chevalier et Henri d'Elbène rencontrèrent M. Chalier qui arrivait : il était venu dans sa voiture, excellente calèche fermée, attelée de deux bons chevaux.

Tous trois montèrent dans la voiture.

— Chatou ! dit M. Chalier au cocher.

Le chevalier présenta ses deux témoins l'un à l'autre.

— Qu'avez-vous décidé avec les témoins de notre adversaire, monsieur ? demanda Henri au négociant.

— L'affaire est réglée en tout point, répondit M. Chalier. Ces messieurs n'ont voulu se prévaloir en rien de l'offense ; le hasard a décidé de tout. Ces messieurs se placent à trente pas, chacun un pistolet chargé à la main ; ils ont le droit de faire chacun cinq pas, ce qui réduit la distance à vingt, et de faire feu à volonté.

— Vous tirez le pistolet ? demanda Henri au chevalier avec un léger tremblement dans la voix.

— Oui, un peu... grâce à Dumesnil, répondit le chevalier en caressant les oreilles soyeuses de son chien.

— Bon ! dit M. Chalier ignorant le degré de parenté qui unissait Henri à Gratien, en Amérique le chevalier tuait deux perruches sur trois ; un homme est bien quatre fois gros comme une perruche : vous voyez que cela nous donne quelque chance.

Le chevalier remarqua la physionomie sombre de Henri et lui prit la main.

— Mon pauvre ami, lui dit-il, si je n'avais derrière moi Thérèse, Thérèse à consoler et à aimer, je vous dirais : « Soyez bien tranquille sur le sort de mon adversaire ! »

— Faites votre devoir, chevalier, répondit Henri. Ma vie était bien triste déjà : c'est pour en supporter le fardeau que j'ai cherché des distractions dans l'étude; quoi qu'il arrive, elle sera encore plus triste désormais; mais je prierai Dieu d'en abréger la durée.

Si discret qu'il fût, M. Chalier allait risquer une interrogation; le chevalier lui fit signe de garder le silence.

Le cocher, selon la recommandation de son maître, s'arrêta en face de l'île de Bougival.

Une seconde voiture qui stationnait sur la berge prouvait que l'adversaire du chevalier l'avait devancé au rendez-vous.

En effet, lorsque le chevalier et ses deux témoins furent dans le bateau qui devait les passer dans l'île, ils aperçurent, au milieu des arbres, la silhouette noire des trois officiers.

Tous trois étaient en bourgeois.

On prit terre.

M. Chalier, s'avançant le premier, marcha vers Louville, qui fumait son cigare, assis sur la table de pierre qui subsiste encore à l'extrémité de l'île.

— Pardon, monsieur, de vous avoir fait attendre, dit-il en tirant sa montre; mais, vous le voyez, nous ne sommes pas en retard. Le rendez-vous était pour neuf heures, et il est neuf heures moins cinq minutes.

En effet, l'église de Chatou, qui avançait de cinq minutes sur M. Chalier, se mit à sonner neuf heures.

— Ne vous excusez pas, monsieur, dit Louville; vous êtes, au contraire, exact comme un cadran solaire; d'ailleurs, en vous attendant, nous avons mis le temps à profit : nous avons choisi une clairière qui a l'air d'avoir été ménagée tout exprès pour se couper la gorge. La régularité des peupliers qui l'entourent servira peut-être un peu trop de guidon aux armes de ces messieurs et rendra la rencontre plus meurtrière; mais, comme, après tout, ils ne sont pas venus ici pour se lancer des noyaux de cerise, et comme c'est ce que nous avons trouvé de mieux, j'espère que vous ratifierez notre choix.

M. Chalier s'inclina en signe d'adhésion, et, en

s'inclinant, il démasqua Henri, qui donnait le bras au chevalier.

Gratien aperçut son frère et devint pâle comme la mort; mais il ne lui adressa point la parole.

Le petit groupe se dirigea en silence du côté de la clairière dont avait parlé Louville.

— Ah! mon pauvre ami, disait le chevalier à Henri d'Elbène, je suis vraiment désolé de vous voir ici.

— Ne pensez plus à cela, répondit Henri; pensez à vous, parlons de vous.

— Oh! que non pas! répondit le chevalier. Peste! vous me rendriez là un très-mauvais service, sans vous en douter. Ne parlons pas de moi, au contraire, et pensons-y le moins possible. Tenez, à vous, cher ami, je puis l'avouer, je ne suis brave ou plutôt je n'ai l'air brave que parce que je pense à toute autre chose que ce qui va se passer; et tout à l'heure, lorsque j'ai aperçu ces fourreaux de serge verte qui renferment les armes dont l'une, dans dix minutes, m'aura peut-être couché sur l'herbe, j'ai été pris d'un frisson de très-fâcheux augure... Ah! mon cher Henri, j'ai à Chartres une chambre si charmante, si parfumée par l'odeur des rosiers qui s'épanouissent sous ma fenêtre, que je me dis tout bas que j'y voudrais bien être, au lieu d'être ici. Mais, encore une fois, morbleu! ne songeons plus à tout cela ; seulement, n'oubliez pas ma recommandation à propos de Thérèse.

— Soyez tranquille.

— Vous me le promettez ?

— Ai-je besoin de vous promettre une chose qui sera douce à mon cœur?

— Ah ! fit le chevalier en pâlissant légèrement, nous voici arrivés, je crois. L'endroit me paraît, en effet, admirablement choisi. Décidément, le lieutenant Louville s'entend mieux à cela qu'à empoisonner les chiens ; n'est-ce pas, Black ?

Les témoins s'arrêtèrent ; on tira de leurs fourreaux de serge les pistolets qui avaient donné le frisson au chevalier de la Graverie, et M. Chalier et l'un des témoins de Gratien commencèrent de les charger.

Pendant ce temps, Gratien fit signe à M. de la Graverie de se rapprocher du groupe de témoins ; puis, évitant de lever les yeux sur son frère :

— Messieurs, dit-il, j'ai été gravement insulté par M. de la Graverie ; l'honneur de l'uniforme que je porte exige une réparation ; cependant il y a entre lui et moi une telle disproportion d'âge, que, s'il veut seulement déclarer qu'il regrette d'avoir cédé à son emportement, bien qu'il soit un peu tard pour le faire, je me contenterai de ses excuses.

— Je vous ferai des excuses, monsieur, je vous les ferai à genoux, répondit le chevalier, je vous les ferai le front dans la poussière et les larmes dans les yeux, si vous, à votre tour, vous voulez reconnaître les torts que vous vous êtes donnés vis-à-vis de Thérèse de la Graverie, ma fille, et les réparer en l'épousant.

— Allons donc! fit le lieutenant Louville.

— Silence, monsieur! dit Henri d'Elbène en saisissant vivement le bras du jeune homme, silence! Votre intervention a été, jusqu'à cette heure, trop funeste à ces deux hommes pour que vous la continuiez ici, où elle est non-seulement dangereuse, mais encore inconvenante.

Puis, s'adressant à Gratien :

— Répondez, mon frère, lui dit-il; à une interpellation adressée à vous, c'est à vous de répondre, et non à un étranger.

— Je n'ai rien à répondre, fit Gratien.

— Songez-y!

— C'est justement parce que j'y songe que je me tais. Si j'acceptais sur le terrain les conditions du chevalier, on dirait que j'ai eu peur.

Un salut poli mais définitif accompagna ces derniers mots, et le chevalier et Henri se retirèrent à l'écart.

Alors, MM. Chalier et Louville mesurèrent

trente pas que M. Chalier fit les plus larges possible, marquèrent d'une branche brisée les limites jusqu'auxquelles les deux adversaires pouvaient s'avancer, puis s'apprêtèrent à leur remettre les armes.

— Monsieur, dit Henri, vous affirmez sur votre honneur que les pistolets sont inconnus à l'adversaire de M. de la Graverie?

— Sur l'honneur, répondirent les deux officiers.

L'un d'eux ajouta :

— C'est moi qui les ai loués chez Lepage.

— Sont-ils à double détente? demanda Henri.

— Non, monsieur.

— Cela suffit, monsieur, dit Henri.

Les pistolets furent remis aux deux adversaires.

Ceux-ci allèrent prendre leurs places.

Black suivit le chevalier, et s'appuya contre lui; le chevalier le pouvait sentir : il le remercia d'un coup d'œil reconnaissant.

— Allons, monsieur, dit Louville, renvoyez votre chien.

— Mon chien ne me quitte pas, monsieur, répondit le chevalier.

— Et si on le tue?

— Ce ne sera pas la première fois qu'il aura

couru chance de mort pour avoir été trop fidèle; vous en savez quelque chose, monsieur Louville.

Puis, comme M. Chalier lui adressait quelques derniers avis :

— Ah ! lui dit tout bas le chevalier, vous ne savez pas quel singulier effet cela me fait d'avoir à tirer sur un homme : il me semble que jamais je ne saurai m'y décider.

En effet, le chevalier était très-pâle; son pistolet vacillait dans sa main; ses lèvres blêmes étaient agitées d'un petit tremblement convulsif; de temps en temps, il se redressait et se secouait comme pour se débarrasser de l'émotion qui le gagnait malgré lui.

— Monsieur, dit le second témoin de Gratien en venant presser la main du chevalier, vous êtes un vrai brave, et vous avez dix fois plus de mérite qu'un autre à l'être.

Les témoins s'étaient déjà retirés lorsque Gratien, qui, depuis quelques minutes, paraissait en proie à une vive agitation, fit signe à son frère qu'il désirait lui parler.

Henri courut au jeune officier.

Celui-ci l'emmena à l'écart et lui dit quelques mots à l'oreille.

Henri semblait profondément ému de ce que lui disait son frère.

Lorsque celui-ci eût fini de parler, il le prit dans ses bras, le serra contre son cœur, et l'embrassa à plusieurs reprises.

Puis, le quittant, il alla s'asseoir à terre à la gauche du chevalier, tournant le dos au combat et la tête entre ses mains.

Louville demanda si les adversaires étaient prêts.

— Oui, répondirent ceux-ci d'une même voix.

— Attention! dit Louville.

Et il compta :

— Une... deux... trois!

Selon la recommandation de M. Chalier; le chevalier de la Graverie, au mot *trois*, se porta rapidement en avant.

Gratien tira tandis qu'il marchait.

La balle du jeune homme perça le collet de l'habit du chevalier, mais sans même effleurer la peau.

Henri se retourna vivement; il vit les deux adversaires debout, le canon du pistolet de Gratien fumait.

Il poussa un soupir et détourna les yeux.

Le chevalier, tout étourdi, était resté immobile à sa place.

— Mais tirez donc, monsieur! tirez donc! crièrent les témoins.

Sans se rendre probablement compte de ce qui

en résulterait, le chevalier leva son arme qui pendait le long de sa cuisse, étendit le bras, et, faisant feu sans viser :

— A la volonté de Dieu! dit-il.

Gratien tourna sur lui-même et tomba la face contre terre.

Henri se retourna et vit son frère étendu sur l'herbe.

Il jeta un cri, puis murmura :

— C'est véritablement le jugement de Dieu!

Tous coururent à lui.

Henri releva le blessé et le soutint dans ses bras.

Le chevalier, éperdu, sanglotait et demandait pardon à Dieu du meurtre qu'il venait de commettre.

La blessure était des plus graves.

Elle pénétrait dans la poitrine au-dessous de la sixième côte droite, et devait s'être perdue dans le poumon.

Le sang coulait à peine ; l'épanchement devait se faire en dedans.

Le blessé étouffait.

M. Chalier tira une lancette de sa poche et le saigna ; il avait, pendant ses longs voyages, appris à pratiquer cette opération, si nécessaire dans une foule de circonstances.

Le blessé fut soulagé et respira plus facilement.

Cependant une écume rougeâtre monta à ses lèvres.

On fit à la hâte un brancard et on le transporta au bateau.

Pendant ce temps, Henri, très-pâle, mais dominant son émotion, s'approcha du chevalier.

— Monsieur le chevalier, dit-il, au moment de commencer ce combat, auquel il ne voulait pas renoncer pour obéir à un préjugé que je déplore, mon frère m'a chargé, quelle que fût l'issue de ce duel, de vous demander de daigner lui accorder la main de mademoiselle Thérèse de la Graverie, votre fille.

A ces mots, le chevalier se jeta dans les bras du jeune homme, et, succombant à son émotion, il s'évanouit.

Lorsqu'il revint à lui, Henri, les témoins du blessé et le blessé s'étaient éloignés; il était seul avec M. Chalier, qui lui frappait dans les mains, et Black, qui lui léchait le visage.

XII

— Lequel se gardera bien de finir autrement que ne finissent d'ordinaire les derniers chapitres de roman. —

Lorsque M. de la Graverie rentra à l'hôtel de Londres, on lui apprit que Thérèse était arrivée et l'attendait dans sa chambre.

L'émotion du chevalier était si forte, qu'il ne se sentit pas le courage d'annoncer à la jeune fille les événements qui venaient de modifier si profondément son existence.

Il mit M. Chalier au courant de ce qu'il y avait à dire, et le poussa dans la chambre, tandis que lui attendait derrière la porte.

Thérèse fut fort étonnée de voir entrer un étranger au lieu de M. de la Graverie; mais M. Chalier se hâta de la rassurer; d'ailleurs, Black, qui avait flairé sa jeune maîtresse, suivait le négociant et faisait toute sorte de caresses à Thérèse.

Seulement, lorsque celle-ci apprit le danger auquel M. de la Graverie venait de s'exposer pour elle, elle s'écria, tout éperdue :

— Oh ! mon père ! mon bon père ! où donc êtes-vous ?

Le chevalier ne put résister à ce cri.

Il ouvrit la porte et se précipita dans les bras de la jeune fille, qu'il pressa contre son cœur en lui couvrant le front de baisers.

— Mordieu ! cordieu ! s'écria-t-il lorsqu'il se fut dégagé de cette étreinte, me voilà payé de tout ce que j'ai fait pour toi, mon enfant. Oh ! que c'est donc bon de se revoir et de s'embrasser, lorsqu'on a été si près d'être à jamais séparés. Non, ventrebleu ! il n'est rien sur terre qui vaille ce bonheur-là !

Puis, s'arrêtant tout à coup, comme effrayé de lui-même :

— Ah çà ! mais, ajouta-t-il, il est temps, ce me semble, que je rentre dans mon assiette ; depuis deux jours, je jure comme un païen ; ce qui ne m'était jamais arrivé même dans mes grandes colères contre Marianne. Sac à papier ! c'est maintenant que la bonne chanoinesse ne me reconnaîtrait plus !

— Cher père, dit Thérèse en embrassant de nouveau le chevalier, cher père, jamais dans mes rêves les plus ambitieux, je n'aurais osé souhaiter ce qui m'arrive aujourd'hui.

Puis, passant à un autre ordre d'idées :

— Hélas! dit-elle, ma pauvre mère est donc morte! Oh! nous en parlerons souvent, n'est-ce pas?

M. Chalier jeta un regard plein de compassion et d'anxiété sur le chevalier.

Mais celui-ci ne parut aucunement ému de la demande que lui adressait la jeune fille.

— Oh! bien certainement que nous en parlerons, répondit-il. Elle était si bonne, elle était si belle! tout ton portrait, mon enfant. Ah! si tu savais combien elle m'a rendu heureux dans ma jeunesse! quels charmants souvenirs elle m'a laissés d'un temps qui est bien loin de nous, mais qui reste toujours présent à mon cœur!

— Elle aussi a donc été bien malheureuse?

— Hélas! oui, chère petite. Que veux-tu! ajouta le chevalier avec un soupir, j'étais jeune et je n'ai pas toujours été raisonnable.

— Oh! c'est impossible, père! s'écria la jeune fille; et, si ma mère a été malheureuse, je jure bien que ce n'est point par vous.

— Savez-vous que c'est de l'or en barre que votre cœur, dit M. Chalier à l'oreille du chevalier de la Graverie.

— Bon! reprit celui-ci, mon cœur, mon cœur... je lui en veux! S'il n'avait pas été si paresseux et si lâche, il y a huit ans que je dorloterais sur mes genoux ce cher petit être-là. C'est cela qui doit être bon, mon ami, d'être embrassé par une fillette de neuf ans, toute blonde et toute rose !—Eh bien, voilà un bonheur dont mon égoïsme m'a sevré.

En ce moment, le garçon de l'hôtel entra, prévenant M. de la Graverie qu'un jeune homme, le même qui était déjà venu dès le matin, l'attendait sur le palier.

Le chevalier sortit vivement.

C'était Henri, en effet.

— Thérèse est là, lui dit M. de la Graverie. Voulez-vous la voir?

— Non, monsieur, répondit Henri. Cela ne serait convenable ni pour elle ni pour moi. Je n'assisterai pas même à la cérémonie. Mon père, auquel je viens de raconter tout ce qui s'est passé et qui a donné son consentement à cette réparation trop tardive, mon père représentera notre famille près de mon malheureux frère.

Mais Thérèse avait entendu une voix, et, avec cette perception extraordinaire que donnent les affections profondes, elle avait reconnu celle de Henri.

Avant que M. Chalier eût pu s'opposer à son dessein, avant qu'il eût pu même le soupçonner, elle ouvrit la porte, et, se jetant dans les bras du jeune homme.

— Oh! Heuri! Henri! dit-elle, tu sais que ce n'est qu'à toi que j'ai cédé.

— Je sais tout, ma pauvre Thérèse, dit Henri.

— Oh! pourquoi m'as-tu abandonnée! murmura la jeune fille.

— Hélas! j'expie cruellement ma faiblesse, répondit Henri; mais soyons aussi grands que notre malheur, Thérèse. Dans quelques instants, vous serez ma sœur. Restons l'un et l'autre dignes des nouveaux liens qui vont nous unir. Laissez-moi me retirer.

— Ne m'abandonnez pas en ce moment, Henri, je vous en supplie! restez près de moi jusqu'à ce que de nouveaux serments nous aient séparés pour la seconde fois.

Henri, qui lui-même souffrait horriblement de quitter Thérèse, n'eut point la force de résister à sa prière, et se résigna à l'accompagner près de son frère.

Si douloureux que dût être le trajet, Gratien avait exigé qu'on le reconduisît à Paris.

On l'avait déposé à l'hôtel du faubourg Saint-Honoré.

Le chevalier, Thérèse, Henri et M. Chalier trouvèrent M. d'Elbène le père et les deux officiers qui avaient servi de témoins, auprès du lit du blessé.

Un chirurgien avait été appelé et lui donnait des soins.

Gratien était couché sur un lit de repos et maintenu par des coussins dans une position presque perpendiculaire, afin d'empêcher le sang de s'accumuler dans la poitrine.

Il était pâle, et cependant ses yeux avaient un calme et une sérénité qui jadis manquaient complétement à son regard.

Lorsqu'il vit entrer Thérèse, pâlie elle-même et changée par sa grossesse, soutenue qu'elle était d'un côté par Henri, de l'autre par le chevalier, Gratien tira lentement ses mains de dessous ses draps maculés de sang, et les joignit, comme pour demander pardon à la jeune fille.

Sa respiration était tellement oppressée, qu'il parlait avec la plus grande difficulté.

Au reste, ce fut le comte d'Elbène qui prit la parole :

— Mon fils a eu de grands torts envers vous, mademoiselle, dit-il; il les expie justement, mais cruellement! Daignez lui pardonner et adoucir, par votre compassion, les derniers moments de mon pauvre enfant.

Thérèse se jeta à genoux près du lit de Gratien, prit dans ses mains les mains déjà glacées du moribond, et les pressa contre ses lèvres en sanglotant.

En sentant cette étreinte, Gratien se ramina et il essaya d'adresser à sa triste fiancée un sourire de remercîment.

En ce moment, l'officier de l'état civil et les prêtres que l'on avait envoyé chercher entrèrent dans l'appartement.

Le premier procéda à l'union légale des deux époux.

Puis le prêtre et ses acolytes ayant revêtu leurs habits sacerdotaux commencèrent la cérémonie religieuse.

C'était un spectacle vraiment imposant que celui qui s'accomplissait dans cette chambre.

Partout l'appareil de la mort, des linges imprégnés de sang épais sur les tapis, une trousse et des instruments de chirurgie sur un meuble ; assis dans des coins ou debout autour du lit, des hommes à visages pâles et consternés ; au milieu de tout cela, le bruit des sanglots de Thérèse, interrómpant la voix monotone du prêtre, qui psalmodiait les prières, et, par-dessus tout, le sifflement strident de la respiration du blessé ; enfin, la physionomie des deux époux, dont l'un était cette pauvre fille à peine remise de la terrible maladie à laquelle elle venait d'échapper, et qui, succombant sous son émotion, ne semblait vivre que pour conserver à l'existence l'enfant qu'elle portait dans son sein, et dont l'autre se fiançait à la mort en même temps qu'à la jeune femme, et devait avoir un cercueil pour lit nuptial; tout cela, éclairé par la lueur vacillante de quelques cierges, formait un tableau des plus émouvants.

Lorsque le prêtre demanda à Gratien s'il consentait à prendre Thérèse pour épouse, Gratien prononça un *oui* si clair et si distinct, qu'on l'entendit à l'autre bout de l'appartement; puis, appuyant sa tête sur ses mains, il sembla attendre avec anxiété que Thérèse répondît à la même question.

Au moment où l'officiant prononça les paroles qui consacraient devant Dieu l'union des deux époux, Gratien laissa retomber sa tête sur l'oreiller, sa main pressa doucement la main de Thérèse, que le prêtre avait mise dans la sienne; puis, cherchant des yeux, M. de la Graverie, qui, agenouillé au pied du lit, priait avec ferveur :

— Êtes-vous content, monsieur? murmura-t-il d'une voix éteinte.

Mais le double effort qu'il avait fait pour répondre oui, et pour adresser cette question au chevalier, avait épuisé le blessé. Un mouvement convulsif l'agita; ce qui restait de rouge sur ses joues et de flamme dans ses yeux s'effaça.

—Madame, dit le prêtre, si vous voulez recueillir le dernier soupir de votre mari, il est temps.

La jeune femme se précipita sur le corps de Gratien ; mais, avant que ses lèvres eussent touché les lèvres du blessé, l'âme avait quitté le corps.

Gratien avait rendu le dernier soupir.

Black, à qui personne ne songeait, fit entendre une longue et funèbre plainte, qui fit passer un frisson dans les veines de tous les assistants.

*
* *

Le chevalier de la Graverie fut longtemps à se remettre de la terrible émotion que lui avaient causée, et cette catastrophe, et les circonstances qui l'avaient précédée.

D'autres soins, d'autres inquiétudes parvinrent seuls à l'en distraire.

Madame la baronne d'Elbène était devenue mère, et, pour un cœur aussi impressionnable que l'était celui du chevalier, le nouveau venu — car l'enfant se trouvait être un garçon — le nouveau venu n'était pas un médiocre sujet de tourment.

Il se préoccupait à la fois, et du choix de la nourrice, et des soins à donner à l'accouchée et à son enfant ; et, comme si ce n'avait point été assez de ces soins, son imagination, qui tenait apparemment à rattraper le temps qu'elle avait passé dans l'engourdissement, lui faisait entrevoir tout à la fois le sevrage, l'enfance, l'adolescence et l'âge viril du bambin. Il songeait aux moyens qu'il emploierait pour préserver des dangers du monde ce pauvre petit être qui n'avait pas encore échappé à ceux de la dentition.

Un jour, lorsque Thérèse fut rétablie, le chevalier insista pour qu'elle l'accompagnât dans sa promenade habituelle, interrompue par tant d'événements.

La baronne d'Elbène, qui ne savait rien refuser à un père si tendre et si prévenant, y consentit avec bonheur.

Le chevalier la conduisit au banc de la butte de la Courtille, sur lequel il avait l'habitude de s'asseoir tous les jours autrefois, en contemplant le paysage.

Il s'y plaça le premier, fit asseoir Thérèse à sa droite, la nourrice à sa gauche; puis, prenant Black entre ses genoux :

— Et dire, fit-il, que M. Chalier nie absolument que Dumesnil soit sous cette peau noire... Et cependant c'est lui qui a tout fait !

— Non, mon père, répondit la jeune fille en souriant ; ce sont les morceaux de sucre que vous aviez laissés dans votre poche.

Le chevalier resta quelques instants silencieux, l'œil fixé sur les deux immenses flèches de la cathédrale, qui élevaient au milieu des nues leur croix de bronze et d'or :

— Au fait, s'écria-t-il en montrant le ciel, il est bien plus simple de croire que tout ce qui s'est passé est l'œuvre de Celui qui est là-haut... Mais, en tout cas, tu n'y as pas nui, mon pauvre Black !

Et, tout en baisant le nez de l'épagneul, il ajouta tout bas :

— Mon cher Dumesnil !

Pendant ce temps, les braves Chartrains qui promenaient leur désœuvrement sur les buttes, observaient le chevalier en disant :

— Voyez donc M. de la Graverie, il est radieux !

— Je crois bien ! son estomac devenait mauvais : les truffes ne passaient plus ; le homard ne passait plus ; il a trouvé juste à point un nouveau péché pour remplacer l'ancien...

— Oh ! pouvez-vous dire cela ! puisque l'on prétend que cette jeune femme est sa fille.

— Sa fille ! et vous croyez cela, vous ? Ah ! vous êtes bonne, ma chère ! Vous ne savez pas combien ils sont roués, ces vieux de l'ancien régime !

FIN.

[library stamp]

TABLE DES CHAPITRES.

—

FIN DE LA TABLE.

COLLECTION HETZEL.

—

in-32 diamant.

—

AVIS IMPORTANT.

Beaucoup des ouvrages publiés dans la COLLECTION HETZEL sont plus complets que les mêmes ouvrages publiés en France. Ils sont imprimés sur les manuscrits originaux en Belgique et n'ont point à subir les retranchements qu'exige souvent la législation française.

—

OUVRAGES DE M. ALEXANDRE DUMAS.

Charles le Téméraire . . . . 2 vol.
L'homme aux Contes. . . . . 1 vol.
Causeries. . . . . 4 vol.
Le Chasseur de sauvagine. . . . . 2 vol.
Histoire de mes bêtes . . . . 2 vol.
L'Horoscope . . . . 6 vol.
Les Louves de Machecoul . . . . 5 vol.
Les Compagnons de Jéhu. . . . . 5 vol.
Ingénue. . . . . 5 vol.
Le Page du duc de Savoie. . . . . 5 vol.
Les Grands Hommes en robe de chambre . . . . . . 8 vol.

Voyages d'Abd-el-Hamid-Bey . . . . 1 vol
Marie Giovanni. . . . . 1 vol.
Le Lièvre de mon grand-père . . . . 1 vol.
Le Meneur de loups. . . . . 2 vol.
Le Capitaine Richard . . . . 2 vol.
Aventures et Tribulations d'un comédien . . . . . . 1 vol.
La Jeunesse de Louis XIV . . . . 1 vol.
Les Mohicans de Paris. . . . . 10 vol.
Salvator (suite des Mohicans). . . . . 10 vol.

BRUXELLES. — TYP. DE J. VANBUGGENHO
Rue de Schaerbeek, 12.

OUVRAGES PARUS OU A PARAITRE :

LES SECRETS DE L'OREILLER, *par E. Sue.* . . 6 vol.
CAUSERIES, *par Alexandre Dumas.* . . . . 4 »
VOYAGE EN ABYSSINIE, *par A. Vayssières* . . . 2 »
LE BOSSU, *par Paul Féval* . . . . 6 »
LES RUINES DE PARIS, *par Ch. Monselet* . . . . 2 »
LES GENTLEMEN DE GRANDS CHEMINS, *par Marie Aycard* . . . . 2 »
HISTOIRE DE LA MODE EN FRANCE, *par É. de la Bédollière* . . . . 1 »
CE QU'ON A DIT DES ENFANTS, *par É. Deschanel* 1 »
LA SUCCESSION LE CAMUS, *par Champfleury.* . . 3 »
LES CHAUFFEURS, *par Élie Berthet.* . . . . 5 »
LES PROPOS AMOUREUX, *par Champfleury.* . . 1 »
CONFESSIONS DE SYLVIUS (*la Bohême amoureuse*), *par le même.* . . . . 1 »
HISTOIRE DE RICHARD LOYAUTÉ ET DE LA BELLE SOUBISE, *par le même.* . . . . 1 »
LES DETTES DE CŒUR, *par A. Maquet.* . . . . 2 »
AVATAR, *par Théophile Gautier.* . . . . 1 »
LA JETTATURA, *par le même.* . . . . 1 »
CHARLES LE TÉMÉRAIRE, *par Alexandre Dumas* 2 »
LE CHASSEUR DE SAUVAGINE, *par le même.* . 2 »
L'HOMME AUX CONTES, *par le même.* . . . . . 1 »
LE CADET DE FAMILLE, *par Alex. de Lavergne.* 3 »
SÉRAPHINA DARISPE, *par A. de Bréhat* . . . . 1 »
SCÈNES PARISIENNES, *par H. Monnier.* . . . . . 1 »
HISTOIRE DE LA CONVERSATION, *par Émile Deschanel.* . . . . 1 »
HISTOIRE D'UN HOMME ENRHUMÉ, *par Stahl.* 1 »
ESPRIT DE CHAMFORT, *par P.-J. Stahl.* . . . . 1 »
HISTOIRE D'ATELIER, *par Edmond About* . . . 1 »
DICTIONNAIRE DES VICES ET DES DÉFAUTS DES FEMMES, *par Larcher.* . . . . 1 »
ANTHOLOGIE FÉMININE, *par le même.* . . . . . . 1 »
HISTOIRE DU DIABLE, *par A. Morel.* . . . . 3 »

BRUXELLES. — TYP. DE J. VANBUGGENHOUDT, RUE DE SCHAERBEEK, 12.

www.ingramcontent.com/pod-product-compliance
Lightning Source LLC
Chambersburg PA
CBHW071948110426
42744CB00030B/636

* 9 7 8 2 0 1 1 8 6 1 3 6 8 *